AF174858

PIGMALIÓN
O
LA ESTATUA ANIMADA

André-François Boureau-Deslandes

Traducción, introducción y notas de
Carlota Ibertis

Universidad de Málaga
2025

© UMA Editorial. Universidad de Málaga
   Bulevar Louis Pasteur, 30 (Campus de Teatinos) - 29071 Málaga
   www.umaeditorial.uma.es

© Traducción, introducción y notas de Carlota Ibertis

Diseño de la colección y maquetación: Aurora Álvarez. UMA Editorial

ISBN: 978-84-1335-395-1
Depósito Legal: MA 34-2025

Impresión: Podiprint
Impreso en España - Printed in Spain

Esta obra también está disponible en formato electrónico.

Esta editorial es miembro de la UNE, lo que garantiza la
difusión y comercialización de sus publicaciones a nivel
nacional.

A Luiz Roberto Monzani,
mi maestro.

AGRADECIMIENTOS

La traducción y estudio preliminar presentados aquí fueron realizados durante la estancia de investigación en la Universidad de Málaga. Agradezco a esta institución y a todas las personas que hacen parte de ella por la oportunidad.

En especial, quiero expresar mi gratitud a Luis Puelles Romero, catedrático de Estética y Teoría de las Artes, por la generosidad de su acogida.

Agradezco al equipo responsable de revisión y edición de la Editora de la Universidad de Málaga por observaciones que contribuyeron a mejorar el texto.

Mi agradecimiento también a Nelda Lassalle Casanave por su incesante estímulo y su valiosa asesoría en la labor de traducción.

Por fin, agradezco a la Universidade Federal da Bahia por la concesión del año sabático de marzo de 2022 a febrero de 2023.

ÍNDICE

ESTUDIO PRELIMINAR

UNA GALATEA SENSUALISTA: FICCIÓN Y FILOSOFÍA EN PIGMALIÓN O LA ESTATUA ANIMADA DE BOUREAU-DESLANDES (1741)

El siglo XVIII no será únicamente
pigmalioniano, sino también libertino y panerótico.
VÍCTOR I. STOICHITA (2006: 163)

1. A MODO DE INTRODUCCIÓN

La historia de un ser inanimado que cobra vida es un fenómeno presente a través de variados ejemplos a lo largo de la historia. El Golem de la tradición hebrea, la Galatea de la tradición grecorromana, Pinocho en el siglo XIX y los robots de la ciencia ficción del XX son algunos de ellos. En todas estas figuras, el enigma del surgimiento de vida en la materia inerte parece ejercer una particular fascinación en nuestra cultura.

Entre esas historias, la del desencantado Pigmalión, que decide esculpir una estatua con forma de mujer de cuya belleza queda intensamente prendado deseando que viva, ha tenido una especial fortuna en su recepción. Desde los primeros registros conocidos,[1] pasando por la versión de Ovidio,[2] hasta las más recientes,[3] la trama ha dado lugar a las más diversas recreaciones que irán enfatizando diferentes matices y sentidos de acuerdo con los intereses de cada época.

En Ovidio, leemos que, gracias a Venus, el marfil se metamorfosea en carne cumpliéndose el deseo del escultor de unirse a su estatua transformada en un ser viviente. Como todo mito genuino, el de Pigmalión presenta una polisemia que elude cualquier tentativa de significación unívoca. Así, la historia abre un abanico de temas como, entre otros, el proceso de creación, el nacimiento del arte, su perfección, la relación del artista con su obra, pero, también, la posibilidad de modelar la inteligencia o

---

1   De acuerdo con Elisabetta Mastrogiacomo (2015: 64-65), a partir de informaciones de Clemente de Alejandría en *Protrepticus* (1979: 120-122), registradas a su vez por Pierre Bayle en el *Dictionnaire historique et critique,* v. XII (1969: 72)*,* en la obra *Sobre los eventos extraordinarios que acontecieron en Chipre* de Filostéfano de Cirene (siglo III a. C.) se encontraría el inicio de la tradición escrita del mito.

2   Ovidio, *Metamorfosis,* X, 243-297.

3   Desde el cortometraje *Pygmalion et Galathée* de George Meliès en los inicios del cine mudo (1898), la pieza teatral de Bernard Shaw, *Pygmalion*, de 1913, al relato ilustrado *Galatea* de Madeline Miller, publicado originalmente en inglés en 2013 y en español en 2022, numerosas obras muestran el interés contemporáneo por la recreación del mito.

la personalidad de alguien, la animación de la materia o el desarrollo de las capacidades mentales.

Entre tal variedad de recreaciones, se encuentra *Pigmalión o la Estatua animada*, de autoría de André-François Boureau-Deslandes. Además de suscitar una suerte de curiosidad erudita, el lector se preguntará por el interés que esta pequeña obra de 1741 pueda tener. Publicada en Londres de forma anónima, esta ficción presenta la reelaboración del mito desde una perspectiva materialista y epicúrea, obedeciendo a cuestionamientos imperiosos para el siglo XVIII tan variopintos como la ya mencionada posibilidad del surgimiento de vida en la materia inerte, la educación y la visión acerca de cómo alcanzar la felicidad. Asuntos que, a pesar de los profundos cambios que nos separan de aquella época, podemos decir que, de algún modo, permanecen vigentes hasta hoy. En ese sentido, creemos que las formulaciones germinales en esta obra acerca de esas cuestiones arrojan luz sobre problemas todavía discutidos.

En relación a la filosofía de la época, se puede decir que Boureau-Deslandes, por una parte, rescata cierto espíritu libertino propio del siglo anterior y, por otra, anticipa muchas de las tesis desarrolladas en la segunda mitad del siglo XVIII, como defenderemos en este estudio preliminar, entre otros, por filósofos de la talla de Diderot y Condillac. En lo concerniente al pensamiento de su autor, esta obra —no traducida al español hasta el momento— condensa algunos de sus puntos esenciales que nos proponemos explicitar en lo que sigue.

1.1. SOBRE EL AUTOR

Recientemente rescatado del olvido en el medio académico,[4] pero poco conocido fuera de él, el pensamiento de Boureau-Deslandes es considerado, como ya anticipamos, una transición entre los libertinos eruditos[5] del siglo XVII y los Enciclopedistas del XVIII (Deneys-Tunney,

---

4   Además de las menciones en esta sección, autores como Victor Stoichita (2006), Franck Salaün (2011), Aurelia Gaillard (2003), Maddalena Mazzocut-Mis (2021) y Elisabetta Mastrogiacomo (2015) ponen en evidencia la renovación de los estudios acerca del filósofo.

5   La expresión *libertinaje erudito* fue acuñada por René Pintard en su libro *Le libertinage érudit dans la première moitié du XVIIe siècle* (1983: 17), para designar lo que se podría llamar libre pensamiento en alusión a la actitud crítica de rechazo a cualquier regla externa y a cualquier forma de censura, en especial las provenientes de teólogos y autoridades eclesiásticas. Diferente del libertinaje en las costumbres y del literario, ese movimiento nombra más una actitud intelectual crítica que una unidad de contenido. Cabe resaltar que los así llamados libertinos eruditos no se reconocían con esa etiqueta, sino que se consideraban «espíritus fuertes» en oposición al espíritu débil de ignorantes, supersticiosos y crédulos (Charles-Daubert, 1998: 5-20). La Mothe le Vayer, Naudé y Gassendi son considerados los representantes más importantes.

1999: 93).[6] Nacido en el año de 1690, en Pondichéry, India, llega a París a los trece años de edad donde tendrá lugar su formación. Según Lucette Desvignes, su maestro Malebranche intenta sin éxito atraerlo a la congregación de los Padres de la Oratoria. Amigo personal de Fontenelle, con quien comparte un espíritu crítico contra la religión, prefiere una vida coherente con sus posiciones teóricas (Desvignes, 2021: 103).

En 1712, viaja a Inglaterra con el embajador, duque d'Aumont. En esta oportunidad, entra en contacto con Newton y su mecánica, hecho que afianza el interés por los conocimientos científicos llegando más tarde a ser miembro extranjero de la Academia de Ciencias de Berlín (1752), además de la de París. Los cargos de Comisario de la Marina y, posteriormente, de Comisario General de la Marina hacen que se establezca en 1716 en Brest y en 1720 en Rochefort, destinos que le permiten desarrollar actividades de investigación sobre la región de la Bretaña y técnicas de navegación, entre otros asuntos. Regresa a París en 1742 donde permanecerá hasta su muerte en 1757.

_____

6 Según Deneys-Tunney (1999: 93), por una parte, no es claro hasta qué punto Boureau-Deslandes concordaba con la empresa enciclopedista; por otra, llama la atención que, a pesar de muchas coincidencias teóricas, sea citado en el *Discurso preliminar* apenas en relación al tema naval.

Conocido por su amabilidad y modestia, participa de la vida intelectual de las reuniones de la sociedad parisina. Por su amistad con la poeta Charlotte Reynier Bourette, frecuenta el café *L'Allemand* donde se reúnen poetas y filósofos. Mantiene correspondencia entre 1750 y 1754 con Madame de Graffigny de quien también se considera amigo. Su mirada aguda e irónica respecto de las instituciones, creencias y costumbres de la época lo aproxima a la llamada ala izquierda del movimiento de las Luces (Desvignes, 2021: 103).

La diversidad de su obra muestra una personalidad curiosa cuya concepción materialista es acompañada por arraigadas convicciones hedonistas y por una aguda perspicacia en la observación de la sociedad. Reflejo de esto, el conjunto de sus publicaciones incluye obras de interés científico, sobre viajes y costumbres, de carácter filosófico y de índole literaria. Entre las primeras, se encuentran *Colección de tratados de Física y de Historia Natural* (1750) y *Nuevo viaje a Inglaterra* (1717); entre las filosóficas, las más conocidas son *Reflexiones sobre grandes hombres que murieron bromeando* (2000), *El arte de no aburrirse* (1715) e *Historia crítica de la Filosofía* (1737). Como ya mencionamos, su repertorio de temas también incluye una mirada crítica sobre la sociedad en la que vive registrada, por ejemplo, en *Carta sobre el lujo* (1745) y *La apoteosis del bello sexo* (1741).

En relación al conjunto de la obra, *Pigmalión o la Estatua animada* junto con *La óptica de las costumbres opuesta a la óptica de los colores* (1742) y *La Fortuna, historia crítica* (1751) ocupan un lugar destacado por la singularidad con la que combinan el atractivo de una ficción, observaciones críticas sobre costumbres y concepciones filosóficas aceptables solo para pocos de sus coetáneos, pero consideradas razonables, al menos algunas de ellas, para muchos en el presente.

Como esperamos mostrar, se trata de un autor cuyo estilo irónico, mezcla de conocimiento filosófico, interés científico y mirada sagaz sobre su sociedad, justifica la renovación del interés por una obra que no se encuadra dentro de los límites estrictamente académicos. Por ahora, bástenos recordar con Henry Deneys (2003: 33) que en sus *Reflexiones sobre los grandes hombres que murieron bromeando*, el filósofo reivindica el derecho a una especie de «desenfreno del espíritu»[7] que podemos apreciar en el tono burlesco de muchos de sus textos.

Para finalizar esta breve noticia, cabe un comentario acerca del carácter del filósofo hecho por Elisabetta

---

7 La expresión «desenfreno del espíritu» recuerda la de «desenfrenos filosóficos» usada por los libertinos eruditos del siglo XVII para referirse a las conversaciones de espíritu libre mantenidas entre sí (Charles-Daubert, 1998: 14).

Mastrogiacomo en la conclusión del libro que dedica a examinar su obra: «Esta crítica global de la sociedad no quebranta jamás su confianza para con la razón humana y la posibilidad del hombre emplearla para el bien de la colectividad, haciendo nacer un nuevo orden político y social» (2013: 275). Según la misma investigadora, los escritos de Boureau-Deslandes no se limitan a la polémica o al cuestionamiento, sino que con frecuencia proponen soluciones concretas y alternativas válidas al orden establecido a favor de los más vulnerables (2013: 275).

2. TRAMA Y DERIVACIONES DE UNA FICCIÓN

El ser humano del siglo XVIII puede ser caracterizado por la inquietud que conlleva su pretensión, en términos kantianos, de servirse del propio entendimiento en la manera de comprenderse a sí y al mundo. Como observa Deprun (1979: 11), si, por una parte, el individuo de las Luces busca una explicación racional para dicho malestar, por la otra, él mismo lo promueve al recusar, siguiendo a Locke, las ideas innatas. Para el comentarista, dicha actitud implica cortar las «amarras con lo absoluto», suprimiendo, por consiguiente, «los apoyos naturales o sobrenaturales que sustentaban hasta ahí las decisiones humanas» (Deprun, 1979: 11).

Por esa razón, antes que una motivación, Deprun (1979: 10) considera que la inquietud es un efecto de las Luces al que los hombres y las mujeres de entonces se enfrentan en su búsqueda por respuestas sobre la formación del individuo y sus conocimientos, la consciencia de sí y sus relaciones con los otros, con el mundo y con Dios. En ese contexto, el mito de Pigmalión ofrece una vía para la expresión y elaboración de las nuevas cuestiones que perturban al siglo XVIII.

Según Anne Deneys-Tunney (1999: 93), Boureau-Deslandes propone, en su *Pigmalión*, un relato sobre la naturaleza, las propiedades y organización de la materia, la aparición de la vida, de las sensaciones y del pensamiento bajo la forma de una narración mitológica. En opinión de la comentarista, la originalidad mayor de esta pequeña obra reside en su carácter híbrido: al mismo tiempo relato mitológico, apología del modo de vida libertino, ensayo científico y especulación filosófica. Ese mismo carácter supone un abanico amplio de intertextualidad que va desde el mito de Ovidio, pasando por la novela libertina y textos epicúreos hasta las obras científico-filosóficas de la época moderna.

A grandes trazos, la obra se estructura en dos momentos: el primero en que se introduce el personaje de Pigmalión, sus circunstancias, el encuentro con Venus, la ejecución de la Estatua y la fascinación ante su obra;

el segundo en que el foco narrativo es desplazado hacia la Estatua —a la que curiosamente no se la llama por ningún nombre— y a su proceso de animación e independización.

2.1. PIGMALIÓN, ESCULTOR PRIVILEGIADO

El relato comienza situando al personaje en Chipre en una indefinida e idealizada antigüedad que valoriza los «talentos superiores» encarnados en él como escultor. La primera aproximación a este Pigmalión moderno introduce un cierto diálogo entre pasado y presente acerca de la creación artística. Por un lado, la voz del narrador opone el «acabamiento» de las obras de Fidias y Praxíteles a la fuerza transmitida por las obras del personaje; por el otro, esta misma característica de fortaleza es contrapuesta a «esas gracias ingenuas, a esas expresiones tiernas y halagadoras que conquistan dulcemente el corazón». Estas contraposiciones aluden críticamente a los excesos del estilo rococó de la época del autor y al virtuosismo antiguo. Así, las estatuas de Pigmalión son descriptas reflejando un alma sensible y pasional que denota una determinada concepción del arte y de la escultura familiarizada con los movimientos artísticos de su época.

Como se puede apreciar a lo largo de la narración, el diálogo entre el pasado idealizado y el presente del texto no se restringe a esta rápida indicación sobre estilos artísticos ni tampoco a una relación entre pasado y presente entendidos estrictamente. En efecto, en las referencias temporales es posible vislumbrar un juego más amplio entre un pasado que no es efectivamente pasado sino más bien una proyección de un futuro deseado y un presente que es objeto de crítica. En ese sentido, a la observación estética, el autor añade una de cuño político sobre las condiciones deseables de la labor artística al referirse a un «noble desinterés» de los artistas cuya contrapartida sería la obligación del estado de recompensar los talentos calificados no apenas como superiores, sino también como «útiles», sugiriendo una concepción del arte al servicio de la sociedad.

La presentación del protagonista se completa con la descripción de sus costumbres e idiosincrasia. De acuerdo con estas, Pigmalión es caracterizado como un *honnête homme,* según los usos de la lengua francesa en los siglos XVII y XVIII, lo que refuerza la impresión de juego temporal. En aquel entonces, la expresión hacía referencia a alguien refinado, culto y de buenas maneras, entre las cuales se encontraba la obediencia a la religión en sus aspectos formales. La felicidad del personaje reunía comodidad y lujo sin ostentación, placeres tanto sensuales como intelectuales compartidos por un núcleo selecto de amigos muy diferentes de los individuos vulgares. Tradicionalmente opuestas, las notas de espiritualidad y voluptuosidad resultan complementarias en este perfil de inspiración epicúrea al que volveremos a referirnos.

Después de presentar al protagonista, el relato se interna en la acción propiamente dicha narrando los motivos por los cuales Pigmalión fracasa en su tentativa de casamiento. Aquí, nuevamente nos deparamos con observaciones críticas relativas a la sociedad setecentista, en este caso, sobre la condición femenina y los papeles atribuidos a las mujeres. En la búsqueda de una mujer virtuosa, el narrador nos cuenta que el personaje encuentra actitudes extremas e igualmente insatisfactorias: o «coquetas que no guardaban ni siquiera las apariencias de virtud» o «mojigatas y devotas de profesión que, por sentimientos desplazados, tornaban odiosa esta misma virtud». Ante la dificultad de encontrar su ideal y la «variedad de cualidades del corazón y del espíritu» que la unión matrimonial exige, el protagonista decide no casarse renunciando incluso a cualquier relación con el género femenino.

Un buen día, Pigmalión decide dar un paseo. Desprevenidamente, se adormece en un bosque consagrado a Venus. A pesar de persistir en su determinación de abstenerse de cualquier relación con la condición femenina, en esta circunstancia encuentra inspiración para esculpir una nueva estatua: en sueños, la diosa se le presenta en toda su belleza, ordenándole representarla. Bajo este influjo, Pigmalión comienza a esculpir el mármol que obedece dócilmente a su cincel. Hecha a imagen y semejanza de la diosa, la belleza de la Estatua promete amor y placeres ideales que seducen al escultor.

En relación con *Metamorfosis*, dos diferencias resultan particularmente significativas. En primer lugar, ya no se trata de una escultura en marfil como en la versión de Ovidio, sino en el material más frío que es el mármol. Como observa Mastrogiacomo, esto pone de relieve la transformación radical desde la frialdad de la materia inanimada al cuerpo vivo, palpitante y sensible (2015: 65). En segundo lugar, al ser una imagen onírica de la diosa la fuente en la que Pigmalión se inspira —y no su presencia real— el texto da lugar a una ambigüedad en dos sentidos. Por un lado, cabe dudar entre el carácter mimético de la escultura y el de un simulacro, carente de modelo existente, como fuera sugerido por Stoichita (2006: 13).[8] Por el otro, entendida como recurso escéptico, la presencia en sueños de la diosa deja abierta la posibilidad de ella no ser realmente ni la causa del origen de la estatua ni de su animación.

---

8   Stoichita interpreta el mito de Pigmalión —no refiriéndose apenas a la versión de Boureau-Deslandes— como la «primera gran historia del simulacro de la cultura occidental» por considerar que la estatua no es imitación de nada ni de nadie, sino que es fruto de la imaginación del mismo escultor (2006: 13).

Habiendo finalizado la obra, la narración continúa con Pigmalión fascinado por su resultado y deseando ardientemente lo que no espera que suceda: que su Estatua se convierta en un ser vivo. Sin embargo, no completamente resignado, se cuestiona acerca de cuál es la diferencia entre él, que respira, siente y piensa, y la materia inanimada. ¿Por qué no podría ocurrir lo mismo con la Estatua? ¿Qué es lo que otorga vida? ¿No se trata siempre de materia cuyas diferentes modificaciones participan del Todo perfecto de la realidad? ¿No depende todo de un poco más o menos de movimiento, de un cierto arreglo de partes?

Las preguntas de Pigmalión repiten las introducidas por el autor en la carta-prefacio de la obra dirigida a una misteriosa Condesa de G. En ambos pasajes, queda explícito el sentido filosófico de la narración. En efecto, esta actualización del mito antiguo de Pigmalión envuelve la cuestión de la naturaleza de la materia y la posibilidad de su animación basada en reformulaciones del concepto del cuerpo-máquina cartesiano (Gaillard, 2003: 88). En el caso del discurso de Boureau-Deslandes, la reformulación parece vacilar entre una teoría de la materia asimilada al movimiento y un modelo genealógico de la vida y de la sensación (Deneys-Tunney, 1999: 94).

Así, el retomar las preguntas de la carta-prefacio en boca del personaje sobre la naturaleza de la materia manifiesta la centralidad del tema en el relato. Debemos recordar que se trata de un autor que es filósofo, pero también un científico interesado en la historia natural en una época de grandes revoluciones metodológico-científicas. Reflejo de esto y siguiendo a Deneys-Tunney (1999: 97), es posible apreciar elementos del tipo de explicación naturalista de Gassendi en la concepción de la materia esbozada en el relato. Resumidamente, esta es concebida como un reservorio eterno de cuerpos o elementos de vida del que se originan los cuerpos particulares y sus cualidades por una diversificación de su fecundidad interna. De manera semejante a como el arte humano fabrica un objeto por ensayo y error —es decir, sin esencias preestablecidas— los elementos de la materia ensayarían sucesivamente variadas combinaciones originando los diversos seres naturales (Deneys-Tunney, 1999: 97-98).

Al hilo de esas ideas, encontramos a Pigmalión absorto en la contemplación de su Estatua y sumido en elucubraciones cuando comienza la metamorfosis. Inicialmente de modo imperceptible, empiezan a manifestarse de forma gradual los primeros movimientos y sensaciones de la Estatua. Desde el momento en que Pigmalión percibe un ínfimo movimiento, dedica su atención a observar ansiosamente los progresos del mármol inerte hacia la máquina que comienza a funcionar como cuerpo vivo. Boureau-Deslandes explora las experiencias sensibles a través de las cuales la nueva Galatea cobra vida. Esta suerte de *despetrificación* se realiza con la mencionada dinámica de sucesivos ensayos y tentativas combinando movimiento y sensaciones hasta alcanzar el pensamiento que «como un rayo de luz» irrumpe «en una noche oscura».

Es interesante notar junto con Deneys-Tunney (1999: 99) que, para la descripción de los progresos de la Estatua, Boureau-Deslandes se vale de sus propios conocimientos y observaciones en el campo de la historia natural. Con base en esas experiencias, el filósofo identifica la gradualidad del proceso delineando un modelo de desarrollo de la Estatua que representa el de cualquier organismo, en su crecimiento, su declive y su fin (Deneys-Tunney, 1999: 99). En contraposición con Descartes, el autor postula una materia viva y pensante opuesta al cuerpo meramente maquinal.

De acuerdo con la posibilidad concebida en el *Ensayo sobre el entendimiento humano* de Locke (1999: 539) y desarrollos teóricos posteriores como en el pensamiento biológico de Diderot, el relato introduce la idea de un universo constituido por materia que contendría entre sus propiedades potenciales la de ser pensante. Así, en respuesta a las inquietudes de la Estatua acerca de lo que existe, Pigmalión esboza rápidamente un cuadro panteísta de la realidad al identificar el Universo con el Todo de los seres existentes y con Dios. En oposición a la tesis cartesiana que afirma que Dios creó el movimiento y el reposo conservando su creación por medio de un acto continuo, la Estatua se mueve, vive, siente y progresa por ensayos o por potencialidades vitales propias de la materia (Deneys-Tunney, 1999: 98).

Las explicaciones de Pigmalión sobre las transformaciones de la materia que constituyen la realidad de cada ser y del Todo desembocan en los procesos de enseñanza y aprendizaje desde la infancia. En la perspectiva de Boureau-Deslandes representada por Pigmalión, la transformación desde la materia inerte a la pensante está mediada por el intercambio con seres humanos y la reflexión acerca de ese intercambio. En consonancia con una posición antiinnatista, la instrucción de los niños cumpliría una serie de etapas semejante al proceso de nuestra Estatua: partiendo de un estado sin ningún contenido previo, primero los sentidos muestran, luego se produce un aprendizaje gracias al concurso de otros seres humanos sobre lo que los sentidos mostraron previamente, para finalmente lo que fue percibido por los sentidos y lo que fue enseñado sean combinados por medio de la reflexión.[9]

9   Acerca del papel fundamental en el conocimiento atribuido a la reflexión, Boureau-Deslandes parece más próximo de Locke que de Condillac para quien el punto de partida de todo conocimiento y de todas

De este modo, los niños pasarían de ser inicialmente estatuas a convertirse en seres racionales.

Equiparable con el sentido subyacente al ejercicio de imaginación que Condillac (1754) propone en el *Tratado de las sensaciones*, la comparación presente en la descripción de Pigmalión acerca del aprendizaje infantil revela el carácter alegórico que Boureau-Deslandes atribuye a su ficción. En conformidad con su metafísica materialista y la concepción empirista de los pasos para la adquisición de ideas y conocimientos, el método de enseñanza más adecuado será el que parta de la estimulación sensorial.[10] En otras palabras, contra el pensamiento cartesiano, el entendimiento no es más considerado la fuente fundamental de conocimiento. En particular, no sería por él que conocemos la esencia del cuerpo, sino por la percepción sensible, la experiencia corporal del tacto y las afecciones del cuerpo (Deneys-Tunney, 1999: 97).

Otra consecuencia de asumir una concepción materialista como la que Boureau-Deslandes pone en boca de

---

las capacidades mentales reside únicamente en la sensación transformada de la que se origina la reflexión (Mastrogiacomo, 2015: 66).

10   El *Emilio* de Rousseau (2009) y los informes del médico Jean Itard (1801) sobre el método ideado para la educación de Víctor de Aveyron son dos ejemplos interesantes de aplicación de la concepción empírico-sensualista esbozada por Boureau-Deslandes y desarrollada posteriormente por Condillac.

Pigmalión, de suma importancia para la discusión ética de la época, atañe a la creencia en la inmortalidad del alma. Como es evidente, afirmar la identidad entre cuerpo y alma obliga a negar el dogma cristiano de la vida después de la muerte, pues sustentar la composición material o biológica del alma conlleva a pensar la muerte como simple disolución de sus componentes. De ese modo, la muerte de un individuo no interrumpiría el dinamismo vital ni el de las metamorfosis a partir de sus restos (Deneys-Tunney, 1999: 104). Desde ese punto de vista, como le explica Pigmalión a la Estatua, para el ser pensante nacer no es sino entrar en un sistema de ideas y morir es simplemente salir de ese sistema.

2.2. UNA GALATEA SENSUALISTA

A medida que la escultura va cobrando vida, el protagonismo del escultor va cediendo lugar al de su criatura. En el estupor de sus primeros pensamientos, la Estatua —que dejó de serlo— exclama para sí: «Todo de lo que me percato, todo lo que me es permitido conocer es que existo, que *siento* que existo». En un giro paradójico y no exento de ironía hacia Descartes, Boureau-Deslandes no solamente pone en boca de un ser ficcional la certeza de su existencia, sino que también lo hace con base en la sensibilidad. De acuerdo con Deneys-Tunney (1999: 100), esta reelaboración del cogito cartesiano en clave sensualista confirma la afinidad del autor, por una parte, con la crítica de Gassendi (1962: 122) al carácter abstracto del *yo pienso* de la *Segunda Meditación*; por la otra, con la negación lockiana de que el espíritu tenga un conocimiento claro de sí mismo (Locke, 1999: 288).

Ahora bien, la versión sensual del cogito alcanza su punto culminante en la narración al considerar el placer. Si inicialmente, este aparece vinculado con la mirada extasiada de Pigmalión ante la belleza de su creación, posteriormente se trata del placer provocado por los besos y las caricias de aquel. Desconcertada por el frenesí así despertado, la que fuera estatua indaga acerca de la nueva sensación que la transporta y la hace desear su repetición. El placer experimentado reafirma la consciencia de sí: «Ahora —dijo ella— no puedo dudar que vivo. Lo que tú llamas placer acaba de convencerme de mi ser y de persuadirme de su realidad. Ciertamente yo vivo porque estoy embriagada de él». Así, el *siento, existo* se completa con la formulación *siento placer, existo*.

En este punto, la ficción de Boureau-Deslandes se presenta como un preanuncio de la tesis condillaciana del placer en general como lo que determina el deseo y la vida mental. No obstante, como destaca Gaillard (2003: 90), en el caso de Boureau-Deslandes es necesario insistir en que no es cualquier tipo de placer que otorga la certeza del propio ser, sino el sexual plasmado en ese pasaje de indudable contenido erótico.

En consonancia con esta idea, en *La apoteosis del bello sexo*, el filósofo afirma la perfección del placer sexual por ocupar a la vez las «Partes del Cuerpo» y las «facultades del Alma» y, por eso mismo, sin dar lugar a ninguna hipocresía (1741b: 128-9). La referencia explícita en la historia de Pigmalión al «reducto amable» donde Galatea experimenta placer se comprende mejor si considerado ese otro texto. Boureau-Deslandes (1741b: 29) hace allí una apología de las «*Partes Naturales* de la Mujer, que el vulgo nombra, con muy poca razón y delicadeza, *Partes vergonzosas*» y que hubieran merecido ser objeto de culto en la Grecia y la Roma antiguas.

El foco de esta crítica reside en la falta de orden y criterios razonables en lo que respecta a las elecciones de los objetos elevados a la categoría de divinidades en la antigüedad, pues no habría nada más bello en la naturaleza que la mujer, ni nada más natural que venerar el «Órgano de la Producción de los Seres racionales» (Boureau-Deslandes,1741b: 48). Esa peculiar reivindicación naturalista se funda en el hecho de que los órganos genitales femeninos son fuente de la felicidad sensual y promotores de unión y armonía entre los humanos. En el final de la obra, dejando de lado la alusión al culto de los antiguos, la reivindicación desemboca en un apelo al reconocimiento de la importancia de la anatomía femenina por parte de sus contemporáneos. Tanto en el extravagante texto de *La apoteosis del bello sexo* como en el relato de *Pigmalión o la Estatua animada* llama la atención la alusión explícita a los genitales que, al margen de una posible intención de escandalizar a quien los leyera, debe ser entendida, en nuestra opinión, como tendiente a naturalizar el placer sexual y el cuerpo de la mujer despojándolos de cualquier matiz moralista o pecaminoso.

A partir de la experiencia de placer que otorga a la Estatua la certeza de su existencia, es posible apreciar más nítidamente el cambio de foco narrativo que marca la entrada en el segundo momento del texto. En efecto, el despertar erótico de Galatea determina un punto de inflexión en el desarrollo de la historia en el que su personalidad comienza a mostrarse en toda su intensidad y curiosidad vitales. Ese momento también es aprovechado por el autor para caracterizar con mayor detalle su concepción acerca del placer —hasta ese entonces apenas sugerida— haciendo enunciar a Pigmalión la manera según la cual debe ser entendido y experimentado. Conforme las enseñanzas de la experiencia, la búsqueda requiere un cierto saber en el que el orden y el control son fundamentales para obtener su pleno gozo. En otras palabras, las necesidades deben preceder y preparar con cierta demora los placeres para obtener de ellos «todo lo picante y sabroso» que puedan ofrecer. Así, «la voluptuosidad exige economía» y saber disfrutarla a consciencia y con inteligencia.

Entre los especialistas, hay consenso acerca de la inspiración epicúrea de Boureau-Deslandes, sobre todo en la manera en que describe la personalidad del escultor y su modo de vivir. Ahora bien, el papel central que juega el placer sexual para la Estatua introduce una tesis ajena al epicureísmo clásico. En efecto, Epicuro no solo concibe el placer como ausencia del dolor físico e imperturbabilidad del alma, fines de la vida venturosa, sino que no reconoce como necesario al placer advenido de la satisfacción del deseo sexual.[11] Más allá de coincidir con el espíritu de su

---

11 En la *Carta a Meneceo*, (§127), Epicuro distingue entre los deseos naturales y necesarios para la felicidad, para evitar el malestar corporal, o para la vida misma; los que son solo naturales y, por último, aquellos que son vanos, ni naturales, ni necesarios. Según esta clasificación, el deseo sexual y el deseo de belleza son considerados naturales, mas no necesarios. De ese modo, de su satisfacción resultan placeres que tampoco serían estrictamente necesarios (Oyarzún, 1999: 414). Leemos en la carta: «Entonces, cuando decimos que el placer es el fin, no hablamos de los placeres de los disolutos ni a los que residen en el goce regalado, como creen algunos que ignoran o no están de acuerdo o que interpretan mal la doctrina, sino de no padecer dolor en el cuerpo ni turbación en el alma. Pues ni las bebidas ni los banquetes continuos, ni el goce de muchachos y mujeres, ni de los pescados y todas las otras cosas que trae una mesa suntuosa, engendran la vida grata, sino el sobrio razo-

época, en la preminencia atribuida por Boureau-Deslandes al placer sexual, es posible vislumbrar ecos de la posición de Aristipo de Cirene, al que dedica un capítulo de su *Historia Crítica de la Filosofía*,[12] así como de las tesis de Lucrecio sobre la satisfacción sexual.[13]

De acuerdo con Moreau y Deneys-Tunney (2003: 8-9), el epicureísmo del siglo XVIII adquiere trazos específicos en virtud del desarrollo de la ciencia, de una nueva manera de entender la política y del surgimiento de un nuevo hedonismo ligado a las figuras libertinas que reivindican su filiación epicúrea a través de la lectura de Lucrecio. En todo caso, vale resaltar que cada uno de los protagonistas del relato representa una variación *eudaimonista*, más

---

namiento que indaga las causas de toda elección y rechazo, y expulsa las opiniones por las cuales se posesiona de las almas la agitación más grande» (§131-132).

12   En el tomo II de su *Historia crítica de la filosofía*, Boureau-Deslandes (1737: 173) dedica el capítulo XXV a exponer lo fundamental del pensamiento de Epicuro y el XVIII a Aristipo.

13   En su poema *De la naturaleza de las cosas*, Libro IV, Lucrecio distingue entre la satisfacción sexual puramente física que supone alivio corporal y la sexualidad pasional que trae inquietud al alma. Esto explicaría la interpretación moderna de la corriente epicúrea en lo que atañe al placer sexual. Pierre-Marie Morel propone la hipótesis de que esta distinción ya podría estar en Epicuro a juzgar por la ambivalencia en torno al tema en sus escasos textos conservados (2019: 66).

prudencial y cercana a la epicúrea en Pigmalión, más sensualista y próxima a la cirenaica en la Estatua.

El diálogo entre Pigmalión y la Estatua acerca del placer muestra todavía otra faceta de la actitud crítica del autor respecto de la tradición y las costumbres de la sociedad. Al ser cuestionado acerca de lo que se sabe sobre el placer sexual, el escultor responde que todas las historias comienzan con su descubrimiento, pero que «se lo ha enmascarado bajo diferentes símbolos» siendo el principal «el de la Manzana que contenía la ciencia del Bien y del Mal». Esta referencia burlona al libro del *Génesis* denuncia la identificación, muy difundida en el ámbito religioso, entre el pecado original y el sexo. Como observa Guilhem Armand (2013: 189), el placer inmediato de la Estatua es posible por la ausencia de pudor debida, justamente, a su desconocimiento de todo lo concerniente al pecado original.

El alcance del placer como fundamento va más allá de la certeza de sí y de la formación de ideas y conocimientos. Al mismo tiempo origen y *arché*, el placer gana dimensión de principio de toda la vida mental, así como también, del ámbito del comportamiento. En nuestro autor —como en Condillac— se trata de la preminencia de la dimensión práctica, fundante de la teórica: es en el nivel «de las afecciones más originarias de placer y desplacer, de las necesidades y deseos que brota un sentido original, primordial, balbuciente [...], mas que será determinante» de una nueva antropología que comienza a ser esbozada en el siglo XVII, se desenvuelve en el XVIII llegando hasta nuestros días (Monzani, 2011: 256). Por esa razón, para Boureau-Deslandes, la verdadera naturaleza del placer no admite ser escamoteada bajo ningún punto de vista, incluidos el moral y el religioso.

Consonante con una posición hedonista, Boureau-Deslandes se detiene en descripciones sugestivas. Henry Coulet (2002: 15) enfatiza la forma sensual de describir la belleza de la estatua-mujer, pero también observa el significado de los detalles del sabor de la comida, del vino y de la decoración de los diversos ambientes. En particular, la minuciosidad descriptiva de los atuendos de Venus y de la Estatua como así también del confortable salón en que transcurre el banquete ofrecido a sus amigos son detalles donde se manifiesta el gusto rococó de la época. Todos estos recursos literarios contribuyen a crear una atmósfera de voluptuosidad concebida por Boureau-Deslandes como finalidad de la existencia humana (Coulet, 2002: 15).

Así, la historia continúa con las circunstancias del banquete en que Pigmalión presenta a su Estatua ya convertida en mujer. Preparado con las más variadas delicias y cuidados para exaltar el carácter placentero de la experiencia, la reunión transcurre de la manera más agradable. La ocasión es aprovechada por Pigmalión que, enamorado, propone unirse en matrimonio a su amada. Para hacerse entender por ella, precisa explicarle en qué consiste tal gesto y el compromiso para toda la vida que encierra. Abordar la cuestión del significado de la institución matrimonial brinda al autor la oportunidad —como frecuentemente ocurre al referirse al origen de cualquier institución— para exponer su mirada crítica (Salaün, 2011: 150-151). Sin el peso de la tradición, la respuesta de nuestra Galatea exhibe una suerte de inocencia adánica basada exclusivamente en su reciente experiencia de placer. En efecto, la vivencia del placer —entendido no solo como fundamento cognitivo, sino también como guía y fin de la vida práctica— desautoriza el tipo de promesa incondicionada presupuesta en la idea de matrimonio.

Con respecto a los usos y maneras de la sociedad de Boureau-Deslandes, Robert Mauzi (1994: 28-31) describe tres situaciones típicas de lo que él denomina «libertinaje mundano»: la del joven que se inicia en los placeres y cuya práctica es considerada un episodio de su educación sentimental y moral, la del libertino propiamente dicho y la de la mujer casada que disfruta de placeres extramaritales. En esta última situación, el destino de un casamiento infeliz era compensado por medio de relaciones con amantes, más satisfactorias en lo concerniente al placer. De las heroínas de las novelas de la época, Mauzi (1994: 31) observa que «aunque esforzándose por mantenerse virtuosas, ellas se rebelan contra la ley conyugal» manifestando una manera doble de entender el deber: hacia el esposo, por un lado, y hacia el amante, por el otro.

Tal pintura de época ofrecida por la literatura arroja luz sobre la respuesta a la propuesta matrimonial que Boureau-Deslandes pone en boca de la Estatua. Una vez más, la trama sirve a la crítica. En este caso, dirigida contra la manera en que se entendían las relaciones amorosas y las consecuentes exigencias en torno de ellas. Como destaca Coulet (2002: 43), la tesis que subyace a la respuesta supone que la indisolubilidad del matrimonio es contraria a la naturaleza y, por lo tanto, a la felicidad de los individuos. En consonancia con esta convicción, como señala Mauzi (1994: 32), el autor hace que la nueva mujer rechace una situación que podría provocar infelicidad o llevarla a actuar hipócritamente para cuidar de una reputación continuamente amenazada.

El episodio revela un interesante vuelco del personaje femenino que, desde la dependencia de su ser estatua/criatura, se torna independiente, resultado de una educación no tradicional de su sensibilidad por la experiencia de placer. Para Mazzocut-Mis, el cambio de foco por el que el protagonismo inicial de Pigmalión se transfiere a la Estatua obedece a la vivencia del placer sexual que modifica la relación entre ambos: «Pigmalión sucumbe en el momento en el que su deseo se ve satisfecho y su criatura, fuera de todo control, lo domina» (2021: 59). Según la autora, la experiencia empodera a Galatea que adquiere plena consciencia «de las delicias de los sentidos y de las maneras de procurárselas. Autónoma en sus elecciones, viva, libre de la dominación absoluta de su creador, ahora atónito y espantado, sumiso» (Mazzocut-Mis, 2021: 59).

La actitud femenina de reivindicación de autonomía a partir de la experiencia de placer como principio rector de la existencia deja entrever el sentido liberador de la posición de Boureau-Deslandes. La exhortación final, que Venus dirige a Pigmalión en el sentido de tratar sin cesar de agradar a su amada sin forzarla a amarlo, así lo confirma. Ahora bien, despierta curiosidad un cierto vaivén en la representación de las ideas del autor por medio de sus personajes, pues, si inicialmente es Pigmalión quien las presenta, a partir de un determinado momento, parece que ellas pasan a ser transmitidas por la Estatua.

2.3. DOS PERSONAJES, DOS ACTITUDES EXISTENCIALES

Como mencionamos, la narración se encuentra inicialmente centrada en la personalidad de Pigmalión y su interacción con la diosa del amor para, en un segundo momento, pasar a girar en torno de la Estatua. Esta transición define la estructura interna del relato que desemboca en una suerte de contrapunto u oposición entre las actitudes de los personajes centrales que podrían ser caracterizadas esquemáticamente como de crítico-conformista, por un lado, y de rebelde, por el otro. Desde este punto de vista, Pigmalión encarnaría la sabiduría escéptica que se adapta a la situación mientras que la Estatua contrapondría una rebeldía pasional que cuestiona el *statu quo* y defiende cambios para sí.

Con todo, aunque la presentación del escultor como un hombre civilizado suponga un comportamiento público formalmente adecuado con los usos y costumbres sociales, eso no significa que sus convicciones más íntimas coincidan con aquellos. Para Henry Deneys (2003: 47), Pigmalión sigue la recomendación de Epicuro a sus discípulos de respetar y seguir las ceremonias y los ritos públicos como gestos que contribuyen a la armonía de la convivencia social. En el capítulo consagrado a Aristipo de su *Historia crítica de la filosofía*, Boureau-Deslandes compara ambos filósofos en lo que respecta a los consejos que ellos habrían dado a sus respectivos discípulos acerca de la vida pública reivindicando la nobleza de este último, a favor de la participación, y la prudencia del primero, favorable a evitarla.

En Pigmalión, no se trataría, entonces, de un comportamiento que se pudiera calificar de simple conformismo, sino de adoptar el proceder que juzga más conveniente para la vida en sociedad. De acuerdo con el comentarista, la *Historia crítica de la filosofía* nos da otra clave acerca del carácter del personaje. En efecto, en el capítulo dedicado a Epicuro, al comentar la distinción entre los órdenes público y privado respecto de las costumbres y, en especial, de la religión, Boureau-Deslandes brinda una nueva perspectiva para la adopción exterior de prácticas religiosas que esconden los pensamientos interiores (Deneys, 2003: 47).

En la misma dirección, Francine Markovits (2018: 82) enfatiza que Pigmalión se niega a todo lo que sea ostentación, aplicando su talento en el arte de la misma vida al cuidar de su jardín, de los estudios y de las delicias de la mesa. Centrada en la amistad y la belleza, la psicología melancólica del personaje lo lleva a refugiarse en el pequeño y selecto círculo de sus amigos al abrigo de los fanatismos de la vida pública. Al personaje así caracterizado se contrapone la actitud de la Estatua que, convertida en mujer —sin haber pasado por el proceso educativo tradicional de introyección de convenciones sociales— no acepta adecuarse sin más a los usos y costumbres.

Así, en la reelaboración de los protagonistas del mito, Boureau-Deslandes confronta la adaptación formal a las costumbres tendiente a evitar conflictos con el rechazo a aceptar cualquier costumbre sin revisión. En esta suerte de pulseada actitudinal, la Estatua sale triunfante. A pesar de la proximidad teórica en lo concerniente a la búsqueda del placer, el desenlace de la historia muestra al filósofo moderno distanciándose de la postura apolítica característica de la concepción epicúrea al mismo tiempo que otorga mayor importancia al placer sexual.

Como ya fuera mencionado, de acuerdo con Moreau y Deneys-Tunney (2003: 8), uno de los factores por los cuales el epicureísmo moderno adquiere una nueva cara es la concepción diferente de la vida pública que va ganando cuerpo. Mientras que la actividad filosófica de Epicuro se restringe al círculo del Jardín;[14] los pensadores de las Luces, en línea con los cirenaicos que propiciaban la participación en asuntos públicos, procuran ampliar el ámbito de influencia y difusión de sus ideas favorables a los cambios de orden político, social y cultural.

Ahora bien, aunque la contraposición del modelo de vida epicúreo antiguo —encarnado por Pigmalión— y la versión moderna que concibe la vida pública más cercana y preñada de transformaciones —representada por la Estatua— marca la culminación del texto, la relación de los personajes entre sí a lo largo del relato no se caracteriza siempre de esa misma forma. En efecto, Boureau-Deslandes representa el impulso para el cambio en la voz de la Estatua, pero «lo que anima a la estatua es menos la

---

14 El lugar donde Epicuro organiza su escuela es conocido con este nombre por su espacio verde y silencioso lejano de la agitación urbana.

44

voluntad de un dios que el deseo de otro, las palabras y el amor de Pigmalión» (Markovits, 2018: 82). Ella «aprende a tornarse mujer» —y, más, una mujer con una nueva postura— por el impacto de las enseñanzas y las caricias de Pigmalión (2018: 82). Antes que por una oposición estática, la trama establece una dinámica entre los personajes definida por la transición desde la lucidez escéptica y resignada al optimismo de la apuesta por el cambio de forma semejante a una carrera de postas en que un participante pasa el testigo a otro miembro del equipo que lo releva.

3. UNA FICCIÓN FILOSÓFICA

¿Cómo interpretar el breve y rico relato de Boureau-Deslandes? ¿De qué tipo de ficción se trata? ¿Sobre qué pacto de lectura se asienta? Responder estas preguntas supone, como punto de partida, considerar la introducción de tesis filosóficas acerca del universo, de la materia y de los cuerpos, del significado de la muerte, de la educación, entre otros. Esto permite descartar de entrada que se trate de un texto exclusivamente literario-ficcional, pues, como define Jean-Marie Schaeffer[15] (2005: 19-23), la ficción ar-

---

15 En el artículo intitulado: *Quelles verités pour quelles fictions?,* J-M. Schaeffer (2005: 19-23) distingue diferentes significados para la palabra

tística se asienta en una relación de *como si* estrictamente lúdica, sin ninguna intención de veracidad. En otras palabras, esta narrativa, como muchas otras de la misma época, presenta un carácter híbrido entre literatura y filosofía sobre el que nos detendremos en esta sección.

3.1. ENTRE EL CUENTO Y EL DISCURSO CIENTÍFICO-FILOSÓFICO

Como fue dicho anteriormente, después de la carta-dedicatoria a la Condesa de G., el relato comienza con pinceladas de las costumbres y de la personalidad del escultor cuya existencia es situada de forma idealizada en una «sabia Antigüedad». Esta suerte de localización *fuera del tiempo* permite el diálogo entre un pasado cronológicamente difuso y el presente del autor característico de los cuentos tradicionales (Armand, 2013: 183). La intervención de Venus, agraciando a los personajes con el toque de su cinto mágico que lo embellece todo y propaga «placeres imborrables», finaliza el relato. Incluido de esta manera en el marco del cuento maravilloso, es preciso recordar

---

ficción además del de la ficción artística o lúdica: como engaño, como error o ilusión, como modelización, como hipótesis a ser comprobada, como recurso explicativo en ciencias sociales. Mientras que, en estas acepciones, los diversos tipos de ficción no pueden ser comprendidos sin considerar la relación positiva o negativa con la verdad, al contrario, en la ficción artística no está en juego dicha relación.

también las tesis propuestas a lo largo de la narración que le dan su tono filosófico.[16] Con ese fin, recurrimos a la identificación de esas tesis que Henri Coulet (2002) enumera en su antología *Pigmalión de las Luces*.

De acuerdo con el orden establecido por Coulet (2002: 42-43), las tesis defendidas por uno u otro de los personajes o por el narrador son: a) la Naturaleza es un Todo solidario, llamada también de Cielo o Dios; b) cada cosa participa de ese Todo, teniendo, en potencia o en acto, todas las propiedades de las cuales los seres humanos conocemos apenas algunas de ellas; c) el arreglo de partes es suficiente para originar progresivamente movimiento, sensibilidad y pensamiento en la materia bruta; d) el placer nacido de la necesidad o de la inquietud está en el origen de la vida, la sociedad y la civilización; e) la religión es un prejuicio vulgar que hay que respetar por conveniencia; f) la indisolubilidad del matrimonio es contraria a la naturaleza y a la felicidad.

La combinación de los elementos filosóficos que acabamos de mencionar con elementos maravillosos en *Pig-*

---

16 J-P Sermain (2005: 27-29) identifica un tercer período del cuento maravilloso que se extiende de 1730 a 1756 caracterizándolo como una etapa de diversificaciones en que se da una renovación del género con ampliación de temas —entre los que se cuentan los filosóficos— y modificaciones en la escritura.

malión o la Estatua animada ejemplifica de modo paradigmático la observación de Guilhem Armand (2013: 181) acerca del cuento de mediados del siglo XVIII que integra análisis filosóficos, antropológicos y aspectos de los nuevos saberes redefiniendo su lazo con las supersticiones y, podemos agregar, con lo sobrenatural. En ese sentido, aunque la figura de Venus ofrece inicialmente el medio de representar el pasaje de la materia inerte a la sensible y después a la pensante (Armand, 2013: 182), a medida que se avanza en la lectura, se va insinuando una comprensión diferente, de cariz naturalista. De acuerdo con Armand (2013: 183), entre el postulado de partida que presupone un pacto de ficción, por una parte, y la voluntad demostrativa relativa a convicciones filosóficas, por la otra, se cumple una doble metamorfosis en el relato: la de la Estatua y la del discurso. Dicho de otro modo, el cuento se desliza desde un régimen de creencia, propio del pacto maravilloso, al del discurso «científico-filosófico» siguiendo una relación paradojal:

> Más aún, en Pigmalión, la metamorfosis mágica y de origen divino está al servicio de la tesis materialista de la sensibilidad de la materia, dicho de otra manera, es verdaderamente la alteración de las leyes físicas, constitutiva de lo maravilloso, que autoriza la inserción de una demostración científico-filosófica, inclusive que permite al cuento ser, en cierta medi-

da, demostración: la alteración de las leyes físicas no es una, la materia puede sentir y pensar. (Armand, 2013: 183)

En ese sentido, el comentarista atribuye a la divinidad sobre todo valor alegórico, pues lo maravilloso en este cuento reside en el proceso de animación de la Estatua. Más específicamente, «la maravilla, en este texto, reside principalmente en un proceso de aceleración temporal» que permite constatar grados, matices y movimientos insensibles de la evolución de la materia (Armand, 2013: 190). Desde esta perspectiva, los cambios de registro en el interior del relato conducen finalmente a que lo sobrenatural consista en la visión abarcadora de lo que se produce muy lentamente en la naturaleza. Para Armand (2013: 190), el relato adquiere entonces el alcance de una alegoría científica en que el pacto de ficción maravillosa se asienta sobre la tesis materialista y viceversa.

Comparable con la metamorfosis de la Estatua, el relato desliza de una forma a otra del género literario modificando el tipo de adhesión por parte de quien lee según una dinámica peculiar. En efecto, el régimen de creencia se modifica cuando el texto adopta características de un discurso de afirmación de tesis que, no obstante, la ciencia no puede comprobar. De ese modo, la reescritura del mito cumple una función vicaria no solo de la exposición de una determinada concepción de la materia, sino también de la observación experimental del pasaje de lo inerte a lo viviente (Armand, 2013: 190).

En lo que respecta al estatuto teórico de la narrativa, cabe todavía una observación más: tanto en la epístola inicial cuanto en las palabras posteriores de Pigmalión, el cuento introduce dudas acerca de la naturaleza de la materia y los límites de la razón. En opinión de Armand (2013: 193), esto justificaría el recurso de la ficción concediendo a la imaginación un papel importante junto a la reflexión razonada. Reconocer la oscilación en el tipo de adhesión provocada por la lectura permite pensar acerca de las condiciones de creencia o de conocimiento en el interior mismo del cuento. Por esto, podemos decir que la ficción conlleva también una legítima reflexión epistemológica.

De manera semejante a como se da la oscilación de tipos de adhesión que despierta la narración sobre la animación de la materia, *Pigmalión o la Estatua animada* combina características de diversos géneros al abordar el tema del sentimiento amoroso. El episodio del bosque en el que Venus se le aparece en sueños a Pigmalión evoca el género pastoral, un trecho que es acompañado por versos con ecos de égloga: «¡Todos los otros placeres no valen tus penas!¡La verdadera felicidad del alma es cargar tus cadenas!». Luego, el relato retoma el tono ligero del cuento galante en una graduación que va de la sensualidad al erotismo rozando por momentos la broma picaresca (Armand, 2013: 185). Esta sutil observación de Armand se completa con la afirmación de que Boureau-Deslandes contrapone a la idea estereotipada de las *cadenas del amor*, una concepción libertaria al rechazar la propuesta de casamiento —final tan esperado en el cuento de hadas—.

3.2. LA FICCIÓN COMO RECURSO DE LA ACTIVIDAD FILOSÓFICA

En una perspectiva más panorámica, Binoche e Dumouchel (2013: 5-12) esbozan una tipología de los usos de ficciones en la filosofía. Los autores identifican tres modalidades según las cuales se da la actividad filosófica: ficciones epistemológicas, posturas ficcionales y ficciones reflexionantes. Con especial interés en los siglos XVII y XVIII, la tipología esbozada ofrece otra clave de aproximación al cuento que nos ocupa. Como ellos observan, la búsqueda de explicaciones genéticas en los más diversos campos conduce al método conjetural[17] que resulta «un terreno sin precedentes para la utilización filosófica de ficciones» (Binoche & Dumouchel, 2013: 6).

---

17 Inspirado en la física y cosmología cartesianas, el llamado método de la génesis conjetural fue desarrollado posteriormente, de modo paradigmático, por Condillac y Rousseau.

Así, las ficciones que narran el origen —sea del lenguaje, del estado de derecho, de las facultades mentales o del fenómeno de la vida— vienen a suplir una carencia de la razón para alcanzar la verdad sobre el objeto de que se trate y son denominadas epistemológicas (Binoche & Dumouchel, 2013: 8). Como vimos, *Pigmalión o la Estatua animada* sustenta una explicación del origen material de la vida y del pensamiento —incluidos conocimientos, ideas y deseos— a través de la voz del escultor y del narrador. Aunque de modo muy rápido, Pigmalión también explica a la estatua el sentido y condiciones de la institución al proponerle matrimonio. Por estas razones, la obra se encuadra en la categoría de ficción epistemológica.

Una segunda categoría se refiere al uso de textos que se presentan bajo la forma ficticia de diálogos, cartas, confesiones, novelas procurando un efecto persuasivo y seductor que los autores llaman de posturas ficcionales (Binoche & Dumouchel, 2013: 9). En el caso que nos ocupa, Boureau-Deslandes, como ya dijimos, introduce el relato por medio de una supuesta carta dirigida a la Condesa de G. anunciando el envío de la historia muy esperada por su destinataria con la advertencia de que esa «bagatela» no es para todos.

Por último, Binoche y Dumouchel (2013: 10) mencionan un uso aleccionador moral o político de las ficciones, que busca cumplir con una función ejemplar-edificante

o escéptico-crítica, y que denominan ficciones reflexionantes. Una consideración acerca de la singularidad del
relato que nos ocupa no puede ignorar su carácter crítico respecto de ciertas costumbres de la sociedad y de las
instituciones de la religión y del matrimonio, así como la
valorización de la autonomía femenina. De ese modo, la
naturaleza del uso de esta ficción también corresponde a
la categoría reflexionante.

Desde una óptica diferente, pero complementaria
de las categorías de Binoche y Dumouchel, Frank Salaün
(2013: 173) acuña la expresión *ficción pensante* para nom-
brar a aquellas ficciones que al presentar su trama son al
mismo tiempo una analogía del movimiento de pensamiento. En primer lugar, es posible ver esta característica
de la narración de Boureau-Deslandes en el hecho de que
la carta-prefacio cuestiona la certeza acerca del conocimiento sobre la materia o la naturaleza de la vida y de la
muerte, iniciando una reflexión que será retomada más
adelante con las preguntas de Pigmalión y de la Estatua.
En segundo lugar, la transición de estilo entre el cuento
y el discurso de vocación filosófica impulsa una dinámica reflexiva sobre el estatuto del propio texto y también
de su contenido. En tercer lugar, la contraposición de las
actitudes de Pigmalión y de la Estatua provoca, a medida
que la lectura avanza, una oscilación de la empatía respec-

to a cada uno de los personajes que despierta, al mismo tiempo, un cuestionamiento moral.

En suma, en nuestra opinión, la amplia gama de variantes interpretativas pone de manifiesto la densidad del texto. Frente a esta multiplicidad, proponemos, al menos provisoriamente, aceptar las diferentes interpretaciones bajo la hipótesis de que la convergencia de perspectivas, matices y funciones representa la riqueza del relato. Para lectores y lectoras actuales, esta versión iluminista resulta innovadora[18] al mostrar una Galatea curiosa, divertida y coherente con sus deseos nacidos del placer. En una palabra, un ser libre de ciertas convenciones sociales. Ahora bien, si para nosotros el relato se destaca por la propuesta de una coexistencia más libre entre los seres humanos todavía hoy no enteramente realizada, el mismo también anticipa de forma condensada muchas de las concepciones gnoseológicas del siglo XVIII.

---

18 Baboulène-Miellou (2016: 22) observa que, en general, la historia de Pigmalión responde a la idea de la creación por parte de un artista hombre que moldea una mujer ideal a partir de su imaginario y de sus deseos, concibiéndola, la mayoría de las veces, como una criatura pasiva y subordinada.

4. PIGMALIÓN Y GALATEA EN EL DEBATE FILOSÓFICO POSTERIOR

En la opinión de Henri Coulet (2002: 12), las más variadas versiones producidas en el siglo XVIII otorgan a la antigua trama el estatuto de leyenda y amplio motivo de reflexión antes que el de un mito bien estructurado. Piezas de ballet, pinturas, esculturas y relatos[19] abordan la historia del escultor que, enamorado de su estatua, ansía que ella viva. Entre esas reelaboraciones, la relevancia del texto de Boureau-Deslandes en el debate filosófico se torna más evidente cuando lo consideramos junto a la escultura *Pigmalión a los pies de la estatua que se anima* de Falconet (1761), las reflexiones de Diderot sobre esta obra (2007), la escena lírica de Rousseau (1771) y el *Tratado de las sensaciones* de Condillac (1754). Además de reflejar

---

19 La antología, establecida y presentada por Henry Coulet incluye el extracto de Houdar de la Motte de *Le Triomphe des Arts* (1700), *Pygmalion* de Saint-Lambert (1769), *Le nouveau Pygmalion* de Rétif de la Bretonne (1780), *Le nouveau Pygmalion. Histoire veritable* de Jullien dit Desboulmiers (1766), *Liebman. Histoire allemande* de Baculard D'Arnaud (1775), *Pygmalion. Scène Lyrique* de Rousseau (1771) y *Pygmalion ou la Statue animée* de Boureau-Deslandes (1741). En las artes plásticas, se cuentan, entre otras, las pinturas de Raoux (1717), Lagrenée (1777 y 1781), Lemoyne (1729) y el grupo escultórico de Falconet. Basado en el texto de Houdar de la Motte, Ballot de Sovot elabora el libreto para la ópera-ballet *Pygmalion* (1748) con música de Rameau.

la estrecha relación entre arte, ficción y filosofía —característica de su época— y la renovación de concepciones materialistas, ese grupo de obras destaca la importancia de las sensaciones para el desarrollo de la racionalidad.

Así, nos interesa aquí abordar tal conjunto por compartir el recurso a la ficción pigmalioniana como medio de expresar una concepción sensualista de marcado tenor hedonista que, en particular, problematiza el papel de la visión y el del tacto, el origen de la vida y del pensamiento y el carácter determinante del placer. Posteriores a *Pigmalión o la Estatua animada*, las demás obras en juego ponen en perspectiva la significación anticipativa del texto de Boureau-Deslandes. En esa dirección, la descripción del grupo escultórico de Falconet (*véase figura 1*), expuesto en el Salón de la Real Academia de Pintura y Escultura de 1763, y los comentarios de Diderot acerca de la obra sirven de hilo conductor para referirnos a los aspectos que juzgamos más relevantes de la conexión entre el relato que nos ocupa y el posterior desarrollo del pensamiento filosófico.

4.1. FALCONET Y DIDEROT EN TORNO DE LAS SENSACIONES

La pintura de Jean Raoux, *Pigmalión enamorado de su estatua* (1717) es el mejor ejemplo de las posibilidades que el color ofrece para plasmar la metamorfosis (*véase*

Figura 1. Falconet, E. M., *Pigmalión a los pies de la estatua que se anima* (1761). Colección del Louvre: Département des Sculptures du Moyen Age, de la Renaissance et des temps modernes. GrandPalaisRmn/Michel Urtado. https://collections. louvre.fr/ark:/53355/cl010094256.

figura 2). En esa tela, Galatea es representada en la mitad de su transformación con la cabeza, brazos y tronco hasta la cintura con el color de un ser vivo mientras que sus piernas todavía conservan la blancura marmórea (Stoichita, 2006: 179). Sin contar con los recursos brindados por la escritura o la pintura, Falconet encara el desafío de expresar en mármol y, por lo tanto, sin recurrir al color, la transformación de la estatua en un ser viviente. El escultor sitúa a Pigmalión a los pies de su estatua, entre sorprendido, extasiado y al mismo tiempo contenido, con una rodilla en el suelo y la otra flexionada como si en cualquier momento fuese a levantarse y abrazarla. Podríamos decir que la tensión del personaje está reflejada por sus manos unidas fuertemente, casi de forma crispada. Galatea, con la cabeza inclinada hacia él, los ojos apenas entreabiertos y sus brazos levemente apartados del resto del cuerpo, parece salir suavemente de su pétreo estado letárgico mientras un amorcillo besa una de sus manos como insuflándole vida. De ese modo, la transformación es figurada por la dinámica de los tres personajes en conjunto y no por algún gesto aislado (*véanse figuras 1 y 4*).

En el texto sobre el ya mencionado Salón, Diderot describe la obra de Falconet de la siguiente manera: «La constitución del grupo entero es admirable. Es una materia única, de la que el escultor extrae tres tipos diferentes de carnación. La de la estatua no es la del niño, ni esta

Figura 2. Jean Raoux, *Pigmalión enamorado de su estatua* (1717). Colección del Louvre: École de France. https://collections.louvre.fr/en/ark:/53355/cl010056194.

la de Pigmalión» (Diderot, 2007: 250). De Galatea dice: «¡Qué blandura de la carne! No, esto no es mármol. Apoyad aquí vuestro dedo, y la materia, que ha perdido su dureza, cederá a vuestra presión» (Diderot, 2007: 249). Diderot invita a una experiencia táctil de la obra. Al respecto, Stoichita (2006: 197) comenta: «La implicación táctil del espectador se opondría de este modo a la distancia contemplativa del propio Pigmalión».

Desde el comentario de Diderot, la mayoría de las interpretaciones subsiguientes de la obra hacen alusión a una dialéctica compleja entre mirar y tocar. Recordemos que, en Ovidio, Pigmalión descubre la metamorfosis de la estatua por el contacto de un beso al que Galatea reacciona. Ya Falconet representa ese momento a través de un juego de miradas: en su versión, Pigmalión y Galatea no se tocan. Olivier Asselin (2006: 20-21) ve en el gesto del pequeño cupido un modo de recordar la dimensión de contacto físico del amor en contraste con la relación puramente visual entre la estatua y el escultor tal como fueran esculpidos por Falconet. Al mismo tiempo, el comentarista interpreta las manos unidas del escultor como expresión de felicidad por el deseo cumplido y, quizás también, cierto pudor de tocar a la mujer de carne en la que su estatua se convierte (Asselin, 2006: 21).

Más allá de elogiar la obra del escultor, Diderot propone una composición alternativa, fruto de su imaginación, que estaría inspirada en una idea más novedosa y enérgica: en ella, las figuras tendrían una distribución en el espacio diferente de modo que Pigmalión tocase con el dorso de su mano el lugar del corazón de Galatea. Ya no se trataría de un contacto apenas visual entre ambos. Teniendo en cuenta su *Carta sobre los ciegos para uso de los que ven* (1749), esta observación está lejos de ser ligera o una referencia meramente circunstancial. En la misma leemos: «Si alguna vez un filósofo ciego y sordo de nacimiento hace un hombre a imitación del de Descartes, [...] pondrá el alma en la punta de sus dedos;[20] porque de allí le vienen sus principales sensaciones, y todos sus conocimientos» (Diderot, 1749: 57).

La progresiva valorización teórica del sentido táctil en los pensadores del siglo XVIII sugiere apreciar con mayor atención la transformación de la relación del Pigmalión de Boureau-Deslandes con la Estatua una vez que ella ha sido terminada. Justamente, en el relato, el personaje experimenta la transición de una relación primordialmente visual a la vivencia más encarnada de las sensaciones táctiles. A través de su aproximación gradual,

---

20 Es posible interpretar esta idea de Diderot de «el alma en la punta de los dedos» como alusión jocosa a la conjetura cartesiana de la unión substancial a través de la glándula pineal.

Pigmalión pasa del encantamiento ante la belleza percibida por la mirada, al momento culminante de la pasión en la unión sexual cuyo placer desencadena el proceso de autoconsciencia y certeza de sí misma de la Estatua.

4.2. LA FICCIÓN PIGMALIONIANA Y EL PUNTO DE VISTA GNOSEOLÓGICO

Stoichita (2006: 198) relaciona la observación diderotiana con el melodrama de Rousseau intitulado *Pigmalión: escena lírica* (1762). En él, la estatua se percata de la diferencia entre tocar su propio cuerpo y el de Pigmalión. «Soy yo, todavía soy yo» exclama Galatea al recorrer su propio cuerpo, pero, al tocar el de Pigmalión, aprende a reconocer un cuerpo ajeno. Ahora bien, también conocido por Diderot, es el *Tratado de las sensaciones* de Condillac (1754), citado *en passant* por Stoichita (2006: 317), la fuente de inspiración en la que abreva Rousseau y donde se desenvuelve de manera más sistemática el papel de la sensación táctil. Sirviéndose también de la ficción pigmalioniana de la estatua que cobra vida, Condillac defiende la preeminencia gnoseológica del tacto sobre los otros sentidos como origen de las ideas de extensión y de cuerpo.

Gracias al movimiento de la mano, esta suerte de *Galatea epistemológica* experimenta la sensación de solidez que origina la noción de impenetrabilidad, propia de los cuerpos. De esa manera, al recorrer con la mano su cuerpo, se reconoce en todas las partes que lo componen y aprende la diferencia entre tocar su cuerpo y tocar uno ajeno. En palabras de Condillac: «… tan pronto pone la mano en una de ellas [las partes de su cuerpo], el mismo ser sintiente, de cierta forma, responde a sí mismo de una parte a la otra: ¡soy yo, todavía soy yo! Él se siente en todas las partes del cuerpo» (Condillac, 1947: 256). Al mismo tiempo que se forma la idea de sí misma como ser corporal, la estatua concibe también, concomitantemente, la realidad exterior y los cuerpos ajenos (Condillac, 1947: 257). Para ese pensador sensualista, exterioridad y espacialidad se constituyen al mismo tiempo a partir de la experiencia táctil.

En ese contexto reivindicativo de la importancia del sentido del tacto, se impone la pregunta de si la valorización de lo visual por sobre el tacto sería la única interpretación posible de la obra de Falconet. Por el contrario, en calidad de colaborador de la *Enciclopedia*, se podría esperar que el artista comulgara con las ideas centrales de gran parte de sus miembros. Entre ellos, uno de los más conspicuos por su papel no solo como colaborador sino también como editor es Louis de Jaucourt, quien defiende la prioridad del tacto y elabora el artículo sobre escultura para la *Enciclopedia* sistematizando las ideas de Falconet en *Reflexiones sobre la Escultura* (1761).[21] Si, además, tenemos en cuenta la materialidad propia de la actividad escultórica, la suposición de una coincidencia teórica en torno a lo táctil, que debería expresarse también plásticamente, alcanza un grado mayor que el de la simple sospecha.

En virtud de lo anterior, el recurso del amorcillo besando la mano de Galatea cumpliría más de una función: figurar la animación, pero, también, destacar el contacto físico. Por un lado, Falconet figura la transformación de la estatua en un ser vivo por medio del beso del cupido, por otro, el mismo gesto trae al primer plano la mano besada de la estatua. Es a través de ella que la vida entra en la materia hasta entonces inerte. No parece ser fruto de mera casualidad que la parte elegida para figurar la animación de Galatea sea la mano, considerada el órgano principal del tacto por Diderot, Condillac y Jaucourt. Mientras que en estos pensadores la argumentación acerca de la sensibilidad táctil adopta un mayor y más abarcador enfoque, la dimensión sexual presente en la narración de Boureau-Deslandes es retomada explícitamente por Helvétius y La Mettrie.[22]

---

21 Como el propio Falconet declara al inicio del texto, este fue encomendado para servir de base al artículo sobre escultura de la *Enciclopedia*.
22 Cf. de La Mettrie *Anti-Sénèque ou Discours sur le bonheur* (2004). De Helvétius, *De l'Esprit* (1758).

En lo concerniente a la estrategia expositiva del papel de la facultad sensitiva, resulta reconocible el camino analítico-genético indicado en *Pigmalión o la Estatua animada*. Aunque no de modo tan sistemático como en el *Tratado de las sensaciones* de Condillac, la ficción de Boureau-Deslandes introduce paulatinamente y de una en una las diversas especies de sensaciones, visuales, auditivas, táctiles, olfativas y gustativas que van incrementando el bagaje de ideas y conocimientos acerca de sí y de la realidad en la experiencia de la Estatua. A pesar de que el carácter narrativo de *Pigmalión o la Estatua animada* excluye la exposición exhaustiva y sistemática propia de un tratado, ambos textos se asemejan al afirmar que la adquisición de ideas se genera de forma gradual al experimentar diferentes sentidos por separado.

En el caso de la estatua condillaciana, organizada interiormente como un ser humano, pero recubierta de mármol en el que se van abriendo los canales de los sentidos, uno a uno, surgen las sensaciones correspondientes. Radicalizando la concepción antiinnatista de Locke —común a ambos filósofos— Condillac defiende la capacidad de sentir como la única de la que van originándose tanto todas las demás facultades mentales cuanto las ideas y los conocimientos. Así, lo mental surge de la propia dinámica de las sensaciones en transformación. Desde el primer estímulo —el perfume de una rosa—,

Condillac acompaña en su Galatea el nacimiento de la primera sensación a la que se seguirán nuevas sensaciones de las que se originarán la atención y, también, las ideas junto con la memoria cuando las fuentes de sus estímulos estuvieren ausentes. Nuevas transformaciones harán nacer la imaginación, las capacidades de comparar y de juzgar hasta alcanzar, con las sensaciones táctiles, el surgimiento de la reflexión. Junto con esta, se originarán las ideas de objetos exteriores.

En el uso de la trama pigmalioniana tanto en Boureau-Deslandes como en Condillac interesa notar de qué forma la secuencia narrativa torna posible el análisis de procesos que en la experiencia real ocurren simultáneamente. En efecto, la experiencia de pensamiento por medio del recurso de la ficción de la estatua permite desenvolver una explicación genética de la mente desde el punto de vista empirista sensualista cuya eficacia expositiva resulta innegable. Concomitantemente, también se encuentran consecuencias en lo volitivo. Ambas dimensiones se articulan en la noción de sensación íntimamente ligada al placer y al desplacer. Así, toda vivencia sensible acarrea efectos tanto de orden teórico cuanto práctico elaborados según diversas vías entre las cuales la ficción de Pigmalión ocupa un lugar especial en los filósofos franceses de la época de las Luces.

4.3. ACERCA DE LA ANIMACIÓN: FIGURACIÓN PLÁSTICA Y EXPRESIÓN LITERARIA

En nuestro propósito de delinear el destino posterior a 1741 de la trama pigmalioniana en Francia queremos llamar la atención sobre la relación entre la forma de figuración visual y la expresión escrita concerniente a cuestiones tan abstractas como las metafísicas. Como fuera mencionado ya desde la carta-prefacio del texto de Boureau-Deslandes y en secciones anteriores de este estudio, el relato *Pigmalión o la Estatua animada* presenta una interpretación de la realidad en que son defendidas una serie de tesis respecto de la materia. Observamos la particular ambigüedad con que el texto relata el papel de Venus en la animación de la estatua sugiriendo al mismo tiempo un proceso «natural» de modificaciones crecientes hasta alcanzar el estadio de materia pensante a través de la secuencia narrativa que acompaña las vicisitudes y tentativas de la Estatua. Aunque sin posibilidad de comprobación, el hipotético proceso de conversión de la materia en un ser vivo y pensante es un problema ontológico-científico del siglo XVIII que se continua en el XIX.

Presuponiendo que ciertos elementos de la figuración escultórica reflejan las cuestiones metafísicas en juego en el relato de Pigmalión, retomamos el hilo de la descripción de la obra de Falconet con el propósito de destacar un momento especial de convergencia temática entre los ámbitos literario, filosófico y de las artes visuales del período. En nuestra opinión, al ejecutar la obra, el escultor no se habría alejado de las ideas de los filósofos sensualistas acerca del origen de la vida en la materia. Al contrario, obedeciendo a los preceptos de economía y simplicidad, parece haber encontrado en el cupido besando la mano de la Estatua el medio plástico que condensa el misterio del proceso de animación junto con la valorización de las sensaciones propias del toque. En concordancia con esto, las manos tensamente entrelazadas de Pigmalión podrían ser interpretadas como una manera de enfatizar la importancia simbólica de las mismas.

En escultura, al interés en la expresión de sentimiento y emoción —propios de la estética sentimentalista de Jean-Baptiste Dubos que marca gran parte del siglo XVIII—[23] se debe sumar el cuidado que el artista dedica a encontrar los medios plásticos propios para representar motivos mitológicos. En especial, Mazzocut-Mis (2021: 135) observa que la figuración escultórica de acciones, esencialmente temporales, requiere la intuición del artista para decidir cuál será el momento más conveniente para plasmarlas y que la obra obtenga entonces preg-

---

23 Cf. Puelles Romero, 2011: 190.

Figura 3. Falconet, *Pigmalión a los pies de la estatua que se anima* (1761): Vista lateral. Colección del Louvre: Département des Sculptures du Moyen Age, de la Renaissance et des temps moderne. GrandPalaisRmn/Michel Urtado. https://collections.louvre.fr/ark:/53355/cl010094256

nancia sin descuidar un cierto sentido estético del límite. Como la misma autora recuerda (2021: 134), diferenciando la poesía de las artes plásticas, Lessing (1990: 19) nos da la clave de la eficacia expresiva del *Laocoonte*[24] esculpido: el momento representado no es el del grito desesperado, como ocurre en el poema de Virgilio,[25] sino uno anterior que, combinando belleza y dolor, inspira compasión. Salvando las distancias, en nuestra opinión, el grupo escultórico de Falconet muestra la emoción del despertar de Galatea, previo al contacto con Pigmalión de manera notable (*véanse figuras 1 y 3*).

Ahora bien, nuestro foco de interés se dirige al momento en que la estatua se anima representado por medio del beso del pequeño cupido que se apoya en una nube. De acuerdo con Stoichita, en la pintura de la primera mitad del siglo XVIII, la nube poseía el doble valor simbólico de representar, a la vez, una epifanía y la separación entre lo terreno y lo celestial (2006: 188). Pero, al atribuir función de zócalo a la nube, Falconet modifica su sentido: observable desde los puntos de vista lateral y posterior (*véanse figuras 4 y 5*), ella conserva el valor de epifanía,

---

24 El grupo de *Laocoonte* fue descripto por Plinio, el Viejo, en su *Historia Natural*, Libro XXXVI, (2019) quien atribuye la autoría a Agesandro, Atenodoro y Polidoro, escultores de Rodas del siglo II a. C.
25 *Eneida*, II, 222.

Figura 4. Falconet, *Pigmalión a los pies de la estatua que se anima* (1761): Vista lateral. Colección del Louvre: Département des Sculptures du Moyen Age, de la Renaissance et des temps modernes. GrandPalaisRmn/Michel Urtado. https://collections.louvre.fr/ark:/53355/cl010094256.

pero no ya separando, sino aproximando el cielo de la tierra (Stoichita, 2006: 188). Mas, como también llama la atención este historiador del arte, la nube no es perceptible desde la perspectiva frontal (*véase figura 1*). Para él, este juego de presencia-ausencia de la nube conjuga la sensibilidad barroca, que figura la epifanía, con la estética neoclásica, más despojada (2006: 188).

Esa diferencia de vistas refuerza la impresión de una cierta ambivalencia en la obra —presente en algunas versiones literarias del mito y, en especial, en la que examinamos— entre una explicación acerca de la animación de carácter divino y otra de carácter natural. Falconet habría encontrado en las diferentes visiones del cupido el medio plástico de representar lo que discursivamente Boureau-Deslandes expresa a través de la intervención de la divinidad y con la descripción de los avances hacia el movimiento como del pensamiento de la Estatua. Resultado de lo anterior, tanto la escultura como la narrativa mantienen el interrogante sobre lo que origina la vida en el cuerpo inerme de mármol.

Poco tiempo después de la presentación del grupo escultórico de Falconet en los Salones de la Academia Real de Pintura y Escultura, Diderot aborda la cuestión metafísica sobre la naturaleza de la materia y su posibilidad de ser pensante en el primero de los diálogos de *El Sueño de D'Alembert* (1875). En dicha ocasión, el surgimiento de la

Figura 5. Falconet, *Pigmalión a los pies de la estatua que se anima* (1761): Vista posterior. Colección del Louvre: Département des Sculptures du Moyen Age, de la Renaissance et des temps modernes. GrandPalaisRmn/Michel Urtado. https://collections.louvre.fr/ark:/53355/cl010094256.

vida y del pensamiento en la materia es tratado con una nueva referencia a la estatua de Falconet. Frente al desafío lanzado por el personaje D'Alembert de establecer la diferencia entre «el hombre y la estatua, entre el mármol y la carne», el personaje Diderot responde: «Bastante poca. Se hace mármol con la carne, carne con el mármol» (1875: 105). Poniendo en tela de juicio la tesis materialista así enunciada, su oponente insiste en la diferencia entre un ser humano y una estatua: por mejor que sea el escultor, entre la organización interna de uno y otra, la distancia será infranqueable, siendo imposible la transformación en un sentido y en otro (Diderot, 1875: 107).

Para contraargumentar, Diderot se refiere al proceso digestivo para después proponer una experiencia imaginaria con la obra prima de Falconet, fácilmente identificable como el grupo escultórico de Pigmalión y Galatea.[26] El ejercicio de pensamiento propuesto reside en imaginar que se pulveriza la estatua. El polvo resultante es mez-

---

26 Por una parte, innúmeros testimonios de la época afirman que la obra más exitosa de Falconet —por lo menos hasta la fecha del texto (1769) y, por lo tanto, antes de la finalización de la estatua ecuestre de Pedro el Grande— fue el grupo de Pigmalión y Galatea. Por la otra, la elección de esta escultura es emblemática por tratar de la metamorfosis del mármol en carne (Asselin, 2006: 19). Para Armand (2013: 190), Diderot debía recordar la narración de Boureau-Deslandes al escribir el *Sueño de D'Alembert*.

clado con humus o tierra vegetal cuya masa homogénea pasa por el proceso de putrefacción todo el tiempo necesario hasta tornarse adobo para semillas sembradas, que, convertidas en plantas, nutren al que las ingiere transformándose en parte de su cuerpo, o sea, en materia sensible que devendrá materia pensante (Diderot, 1875: 108-109). Así, la secuencia ficcional es puesta al servicio de presentar concentradamente un proceso temporal extenso como observa Armand[27] respecto a *Pigmalión o la Estatua animada*.

En el período que va de 1741 —en que se publica el cuento en cuestión— hasta la década de 1770 —fecha aproximada de elaboración de los diálogos diderotianos— las versiones de Pigmalión de Boureau-Deslandes, Rousseau, Condillac, Falconet y Diderot presentan problemas gnoseológicos y metafísicos que todavía demandarán desarrollos filosófico-científicos posteriores. La coincidencia en el uso de la ficción parece marcar, a la vez, la culminación de la idea del hombre-máquina cartesiano y el inicio de la transición hacia la perspectiva biológica del siglo siguiente (Pimenta, 2023: 7-18). Parafraseando a Asselin (2006: 24), podemos decir que, sea en la práctica artística, en la crítica de arte o en el uso de la ficción

---

27 Cf. la sección 3.1 del presente estudio.

en filosofía, el tema pigmalioniano brinda a ese grupo de autores-pensadores ocasión para reconducir «el alma al cuerpo, todas las ideas a los sentidos y todos los sentidos al tacto» en el marco de una concepción materialista del universo.

Aunque probable, no pretendemos defender la influencia específica de Boureau-Deslandes en torno al tratamiento de cuestiones tales como el origen de la vida en la materia, el surgimiento del pensamiento o el papel del placer en los demás filósofos. Más bien nos ha interesado aquí tornar evidente el horizonte común de las preocupaciones de las artes y la filosofía en el siglo XVIII al abordar el motivo de Pigmalión. Así, tomando como puntos de partida el texto de Boureau-Deslandes y la crítica de Diderot a la escultura de Falconet, procuramos describir la relación de la ficción pigmalioniana con su uso por parte del sensualismo filosófico francés. En particular, buscamos mostrar la íntima conexión de la valorización de las sensaciones táctiles en el hedonismo y en el materialismo. Tal entrelazamiento es inaugurado por la narración de Boureau-Deslandes que anticipa algunas de las principales tesis mencionadas en esta sección. Registro de una nueva sensibilidad y preanuncio de las profundas mudanzas del siglo XVIII, *Pigmalión o la Estatua animada* continúa dándonos que pensar.

5. ACERCA DE LA PRESENTE TRADUCCIÓN

El texto presentado aquí es la traducción de la versión de *Pigmalion ou la Statue animée* de André-François Boureau-Deslandes, publicada en 1741 en Londres de forma anónima por la casa editorial Samuel Harding y disponible en la biblioteca digital *Gallica* de la Biblioteca Nacional de Francia. El criterio general adoptado fue el de acompañar tanto la letra cuanto el espíritu del original en la medida de lo posible sin por eso comprometer la comprensión o provocar extrañeza en el lector o la lectora hispanoparlantes actuales. En ese sentido, al verterlo al español, no se trató de establecer un texto con las características propias del siglo XVIII, sino de tornarlo asequible a un público lector contemporáneo interesado, mas no necesariamente versado en mitología o en filosofía del siglo XVIII.

El carácter híbrido entre literario y filosófico de este breve texto implicó un doble desafío en su tratamiento. Además del cuidado con los complejos aspectos lingüísticos específicos de la tarea de traducción, debimos introducir en el estudio preliminar consideraciones históricas de la filosofía sensualista francesa con la certeza de que la obra —poco conocida fuera del círculo de especialistas— propone cuestiones vigentes hoy en día que pueden interesar tanto a quien se dedica al estudio de la filosofía como a un público más general. Con este entendimiento, fueron introducidas notas explicativas, sobre todo intertextuales[28] y enciclopédicas,[29] según la clasificación de notas a pie de página de Peña y Hernández Guerrero (1994: 37-38) que puedan servir de apoyo a la lectura en un amplio espectro.

Especial dificultad representaron palabras y expresiones que cayeron en desuso en el francés actual. En tales casos, fueron introducidas notas aclaratorias basadas en los diccionarios históricos de Huguet (1907), *Petit glossaire des classiques français du dix-septième siècle*, de Furetière (1701), *Dictionnaire Universel, contenant généralement tous les mots françois tant vieux que modernes, & les termes des sciênces et des arts*, y de Rey *et alii* (2006), *Dictionnaire historique de la langue française.* Frente a diferentes posibilidades de traducción, la opción fue encontrar la expresión que mejor reflejase el texto original con la menor artificialidad posible en nuestra lengua.

---

28 De acuerdo con eses autores, las notas intertextuales aclaran posibles dependencias que un fragmento del texto traducido pueda tener con otros textos de la lengua original.

29 Según los mismos autores, las notas de ese tipo ofrecen datos sobre referencias al mundo exterior conocidas por procedimientos académicos o comunicacionales. Así, incluimos entre esas las aclaraciones sobre términos o expresiones cuyo significado depende de circunstancias o hechos históricos

En lo concerniente a tipografía y puntuación, dada la época de publicación original, fueron necesarias algunas adaptaciones para la aproximación deseada. Por ejemplo, el uso del polisíndeton con el signo «&» fue sustituido por la enumeración asindética para aligerar la redacción en español tornándola más próxima de la sensibilidad actual. De manera semejante, se introdujeron algunas otras modificaciones en la puntuación, adaptándola al uso actual cuidando siempre de preservar el sentido del texto. En algunos casos, los dos puntos fueron cambiados por punto y coma o por punto.

En virtud de su importancia para el desarrollo de la trama, los diálogos fueron indicados con la raya o guion correspondiente, en lugar del texto en cursiva como figura en el original. Para todas estas alteraciones, fueron consultados los estudios gramaticales sobre la puntuación del francés del siglo XVIII: el *XVI Discours sur la Ponctuation françoise, Troisième article sur l'ortographe, & le dernier de ce que la Grammaire a pour objet* de Gabriel Girard (1747) y el artículo de Anette Lorenceau, intitulado *Sur la ponctuation au 18e siècle* (1978).

La decisión acerca de la manera más adecuada de traducir el pronombre personal francés *vous* supuso otra dificultad significativa dado que en español existen matices relativos a factores extralingüísticos como jerarquías sociales, modalidades de cortesía, estatuto del destinatario del mensaje, entre otros, que no se encuentran presentes en el original. En el caso del texto traducido, los diálogos ocurren predominantemente entre un humano y una divinidad —Pigmalión y Venus—, por un lado, y entre el escultor y su obra que gana vida —Pigmalión y la Estatua—-, por otro. Para la segunda persona del singular tendrían cabida *tú*, *usted* o *vos*. Según León (2011: 42-43), aunque disminuyendo desde el siglo XVII, a principios del XVIII se constatan todavía ciertos usos del *vos* singular en el español de la Península Ibérica que irían siendo sustituidos por el uso del *tú* o del *usted*: a) como fórmula para dirigirse a alguien de estatus social muy superior y para plegarias a Dios y a la Virgen; b) el *vos* no mayestático que era el más popular y «controlaba las situaciones asimétricas».

Con ese cuadro, la duda residía en cuál variante convenía más a un relato en el que interactúan personajes humanos, divinos y fantásticos en un marco en alguna medida atemporal por su carácter mitológico, pero que incluye referencias críticas a la sociedad del siglo XVIII con acentuadas jerarquías sociales. Después de muchas vacilaciones y diversos ensayos manteniendo el voseo, optamos por el uso del *tú* en virtud, por una parte, de la cercanía que caracteriza a las relaciones de los dioses antiguos con los seres humanos y, por la otra, de la intimidad, aunque recubierta al mismo tiempo de extrañeza, entre el artista y su creación. En el caso de la carta dirigida a la Condesa de G. que hace las veces de prefacio, optamos por el *usted*.

En síntesis, ofrecemos aquí el resultado de una labor reflexiva que reunió aspectos de la traducción literaria y de la filosófica y que no estuvo exenta de diversión y pasión. Espero que la lectura sea tan placentera cuanto lo fue para mí su realización.

PIGMALIÓN
O
LA ESTATUA ANIMADA

A la Señora Condesa de G.,

He aquí, señora, esta historia de Pigmalión que Usted tiene tanto deseo o, más bien, tanta impaciencia en leer. Deseo con todo mi corazón que no sea ofendida por algunos rasgos quizás demasiado intensos[1] esparcidos en ella. Esos rasgos son disculpables en un tema tan extraño y tan filosófico (lo uno no es contrario a lo otro) como el que le presento. En efecto, señora, ¡qué mezcla de objetos inesperados y sorprendentes! Un hombre enamorado de su obra: una estatua viva y animada, materia que pasa por muchas pruebas, que recibe diferentes modificaciones, que se mueve, que tiene sentimientos. ¡Una Divinidad poderosa que le concede hasta la facultad de pensar y de razonar!

Me dirá que todo eso es muy capaz de sublevar a la imaginación más aguerrida. Pero, señora, dejemos un poco los prejuicios de lado y razonemos juntos. ¿Qué es la materia? ¿En qué consiste su esencia? Confesémoslo de buena fe: no sabemos nada acerca de eso. Un velo oscuro cubre nuestros ojos y, por lo que parece, los cubrirá mucho tiempo. Es verdad que conocemos algunas propiedades de la materia, pero ¿estas son

---

1   N. T. Aquí, la expresión «rasgos quizás demasiado intensos» puede ser interpretada como advertencia de la escena erótica después de la animación de la estatua o como un «fingido» aviso sobre las teorías materialistas defendidas (Deneys-Tunney, 1999: 94).

las únicas que le pertenecen? ¿No hay en ella otras, aún de rango superior?

Ya algunos filósofos están de acuerdo en que la impenetrabilidad, la pesadez o la tendencia hacia un centro no son esenciales a la materia como testifica el fuego y tal vez el aire. ¿Qué le es esencial entonces? Una vez más, señora, no sabemos nada al respecto. Lo poco que nos es conocido, lo poco que perciben nuestras débiles miradas, no excluye el pensamiento. El grueso de los teólogos y de los filósofos protestará contra esta decisión por modesta que sea, mas dejémoslos ocuparse de vanas quimeras, dejémoslos tomar sus silogismos por oráculos y sus ideas supersticiosas por religión.

Para finalizar, señora, le pido una gracia, la de no mostrar esta bagatela sino a pocas personas. Hay un cierto tono que transmite la verdad, pero este tono no es escuchado por todo el mundo y hasta no debe serlo. Este pescado no es para todos.[2]

---

2   N. T. En el original en latín: *Piscis hic non est omnium*. En *Lettre sur le luxe*, Boureau-Deslandes atribuye a Cicerón esa frase no exenta de ironía. Invitado por Pompeyo a comer un extraordinario pescado, el filósofo, al ver que el número de invitados aumentaba cada vez más, la habría murmurado al oído de su anfitrión, aconsejándole ser más selectivo con las amistades (1746: 21). El uso de esa expresión trae ecos de la actitud de los llamados libertinos eruditos distanciada de la mayoría considerada «ignorante, supersticiosa y crédula» (Charles-Daubert, 1998: 14). La expresión también puede interpretarse como prudencia ante al riesgo de censura y de diferentes clases de represalias. Diderot utiliza la misma frase latina como subtítulo de sus *Pensamientos filosóficos*.

Tú, que en esta primavera de la edad
En que apenas se osa pensar,
En que de un amoroso devaneo
El corazón no sabría prescindir,
Tú, que más orgullosa y audaz,
Hasta a la Filosofía
Has elevado tus miradas,
Tú, que una nueva joya,
Una fuente, un peinado,
No te quitan el gusto por las Bellas Artes:
Dígnate, noble y sabia Julia,
Disculpar en Pigmalión
Una extraña pasión
El desconcierto y la locura.
¡Ay! Todo es ilusión,
Todo es capricho en la Vida.

PIGMALIÓN O LA ESTATUA ANIMADA

Pigmalión nació en la isla de Chipre en una familia opulenta y acreditada. Un genio feliz e inventivo, un amor tenaz por el trabajo, el gusto y talentos casi universales lo llevaron a cultivar todas las Bellas Artes. Tuvo éxito principalmente en la escultura. En verdad, sus obras no tenían el acabamiento de las de Fidias y de Praxíteles,[3] mas él les daba un no sé qué de fuerte y de sublime, que hacía reconocer fácilmente su cincel. Poco sensible a esas gracias ingenuas, a esas expresiones tiernas y halagadoras que conquistan dulcemente el corazón,[4] él quería bellezas

---

3   N. T. Esta alusión a dos de los más importantes escultores griegos de la antigüedad, a pesar de las diferencias entre sus respectivos estilos, trae ecos de la polémica entre Antiguos y Modernos y de la oposición entre "belleza ideal" y "belleza natural" (Guédron, 2006: 639). El siglo XVIII siente una profunda admiración por el arte griego; no obstante, artistas como Falconet no dejan de ser críticos respecto a aquellas realizaciones que no transmiten sentimiento, pues este es considerado el alma de la escultura (Falconet, 1761: 30). Boureau-Deslandes parece compartir ese punto de vista acerca del arte escultórico.

4   N. T. Este comentario parece referirse a los rasgos más acentuados de delicadeza del estilo rococó predominante en la época.

bruscas y orgullosas, amaba golpear el espíritu y sacarlo, por así decir, de su asiento natural. Saliendo de sus manos, el mármol y el marfil parecían no solamente respirar y vivir: él también les creaba un alma y pasiones.

En la sabia Antigüedad, el privilegio de aquellos que se dedicaban al estudio de las Bellas Artes era de un noble desinterés. Trabajaban por la gloria, buscaban adquirir una reputación inmortal. El celo bajo no reinaba en sus corazones. Pigmalión llevó la generosidad todavía más lejos que todos sus contemporáneos. Él no vendió ninguna de sus obras, que habría creído deshonradas por esta especie de tráfico. Con ellas adornaba los templos consagrados a los Dioses inmortales. Las hacía colocar en los tribunales donde se hacía justicia y en las salas de asamblea donde se enseñaba la filosofía y las otras ciencias exactas que tienen por finalidad inspirar el amor inseparable a la verdad y a la virtud. Los amigos de Pigmalión estaban tiernamente apegados a él. Y él extraía ideas nuevas de su contacto que, tal vez, no habría tenido de su propio fondo.[5] Una estima recíproca apretaba los lazos de la amis-

---

5   N. T. En el original *fond*. En el *Petit glossaire des classiques français du dix-septième siècle*, se encuentran algunos ejemplos explícitos, algunos aún vigentes, del uso en sentido figurado al que recurre de manera abreviada Boureau-Deslandes: fondo del alma, fondo del corazón, fondo del espíritu (Huguet, 1907).

tad. ¡Felices los reinos donde el cuidado de recompensar los talentos superiores, los talentos útiles, pasa no solo por obligación, sino también por una deuda del estado; donde los grandes artistas no están obligados a vender sus obras a soberbios ignorantes que tienen por todo gusto y toda inteligencia apenas estúpidas riquezas!

Las costumbres de Pigmalión eran tales como las que debe tener un hombre civilizado[6] cuyo espíritu es puro y liberado de prejuicios vulgares, que sabe pensar con audacia y que saca provecho de las reflexiones. Exacto observador de las buenas maneras entre las cuales la religión

---

6   N. T. En el original *un honnête homme*. En la época este adjetivo hacía referencia no tanto a la probidad como a la cortesía, pulidez en las maneras, civilidad. El *Diccionnaire Historique de la langue française* destaca el uso de Montaigne en el sentido de "hombre afable, de conversación agradable". Asimismo, es mencionada la noción compleja de un ideal del siglo XVII que reúne referencias a una condición social elevada, a buenas cualidades físicas, a un espíritu cultivado, al gusto por la poesía, al coraje, a la probidad y a virtudes cristianas tal como se encuentra en la obra de Nicolas Faret, *L'honnête-homme ou l'Art de plaire à la court* (Rey *et al.*, 2006: 1734). Puelles Romero destaca en la carta de julio de 1671 de Madame de Sevigné, el contraste «entre el hombre clásico, *l'homme honnête*, en el que se privilegian los valores de virtud (vigilada por *les moralistes*) y refinamiento intelectual, y el hombre del corazón, dedicado a los placeres de la emotividad y los sentimientos» (2011: 125). Así, el *honnête homme* se caracteriza por su contención, o sea, por no mostrar sus propias emociones (Puelles Romero, 2011: 192).

es la principal,[7] él procuraba todo lo cómodo y aun todo lo agradable que su fortuna y su situación le podían permitir. Se negaba apenas a los gastos superfluos, a todo lo que exige la fastuosidad, a todo lo que oliera a espectáculo. Vivía para él solo[8] y vivía tanto más deliciosamente cuanto más conocía todo el valor[9] de la vida. El interior de su casa, los muebles con los que estaba ornamentada, su biblioteca, sus jardines, su mesa, todo tenía un aire espiritual y voluptuoso,[10] pero nada trasparecía para afuera. Temía a los hombres ordinarios y se entregaba apenas a sus

---

7   N. T. La personalidad de Pigmalión se aproxima en aspectos fundamentales al ideal epicúreo. Entre esos, la actitud hacia la religión como parte principal de las buenas costumbres sugiere una adhesión formal a ritos y valores por parte del personaje, consonante con recomendaciones de Epicuro. Para mayores detalles, ver el artículo de Deneys (2003: 47-8).

8   N. T. La idea de una vida retraída del contacto y de los asuntos públicos también estaría inspirada en la lectura de Boureau-Deslandes acerca de los preceptos de Epicuro, en particular, al compararlos con las tesis de Aristipo en su *Historia crítica de la filosofía* (1737: 173), ver también el artículo de Deneys (2003: 42).

9   N. T. en el original *prix* cuya traducción literal sería, como primera acepción, precio. Sin embargo, optamos por la palabra valor que significa tanto el costo de algo como su valía.

10   N. T. Nótese aquí un uso poco habitual de las palabras espiritual y voluptuoso en conjunción, pues tradicionalmente se refieren a ámbitos diferentes y excluyentes. De manera contraria, aquí, este uso sugiere la compatibilización y aproximación entre el placer sensual y el espíritu.

verdaderos amigos, que eran hombres de otro temple.[11] Si pudiésemos esperar ser felices, Pigmalión lo era.

A la edad de veinte años, tuvo el designio de casarse. Le ofrecieron a la hija de uno de los más famosos negociantes de Chipre. Ella tenía belleza, espíritu, modos atrayentes, un no sé qué de privilegiado en su fisonomía. Y lo que debía ser decisivo en aquella época,[12] era extremadamente rica. Pigmalión pidió tiempo y, contra lo habitual, quiso informarse sobre las costumbres y el carácter de su pretendida amante. Ante la respuesta que le dieron amigos demasiado sinceros, no la desposó. Este primer intento lo dejó amargado contra todas las mujeres. Buscaba virtuosas y encontraba coquetas que no guardaban ni siquiera las apariencias de la virtud, o mojigatas y devotas

---

11 N. T. En el original *trempe* derivado del verbo *tremper* que se origina aproximadamente en el siglo XIII de la alteración del antiguo verbo *temper,* más próximo del verbo templar en español que alude a la operación de calentamiento y enfriamiento de ciertos metales como el acero con la finalidad de tornarlos más resistentes. Su substantivo es usado figurativamente para indicar firmeza de carácter. (Rey *et al.,* 2006: 3907).

12 N. T. El texto introduce una ambigüedad temporal al mencionar la antigüedad y al mismo tiempo caracterizar a Pigmalión como *honnête homme* de acuerdo con las costumbres modernas. A pesar de que la expresión en aquella época podría ser interpretada en referencia a una u otra época, no caben dudas de que se trata de una crítica a la sociedad en que vive el autor.

de profesión que, por sentimientos desplazados, tornaban odiosa esta misma virtud. De todas las uniones, el matrimonio debería ser la más dulce y encantadora. Pero ¡qué relación, qué variedad de cualidades del corazón y del espíritu exige esta unión! ¡Qué fácil es confundirse! Pigmalión, por lo tanto, resolvió no casarse. Renunció incluso a esos compromisos en que al menos, si uno es engañado, no lo es por mucho tiempo, en que la variedad y los cambios compensan lo que se pierde del lado de la constancia. Placeres fáciles en los que no hay que detenerse si se quiere encontrarlos a gusto. Poco importa que los enemigos natos del público,[13] en una palabra, los curas, los censuren o los aprueben.

Para continuar vengándose de un sexo[14] que no osaba amar, Pigmalión no trabajó en ninguna estatua de Diosa, ni de heroína. Temía enamorarse y encender en su corazón fuegos que después no habría podido apagar. En efecto, ¿cómo representar a una persona bella? ¿Cómo darle vida a sus ojos y gracia a su tez? ¿Cómo desentrañar una sonrisa delicada, un noble aspecto de la cabeza, ese no sé

---

13 N. T. *Public* en el siglo XVII designa concretamente la masa de la población (Rey *et al.*, 2006: 3002). En este comentario se puede apreciar el sentimiento anticlerical característico de los libres pensadores y de los enciclopedistas.

14 N. T. En el texto *sexe* designa «las mujeres» según uno de los usos del siglo XVI (Rey *et al.*, 2006: 3492).

qué de ingenio que da crédito a toda una fisonomía sin ser él mismo tocado? La imaginación del pintor o del escultor esboza, el corazón termina y perfecciona.[15]

Pigmalión pasó muchos años en esta indiferencia buscada de la que incluso se congratulaba. Pero ¿quién es suficientemente infeliz para no amar jamás? O, más bien, ¿quién es lo bastante feliz para eso? Un día de primavera estando solo en la campiña ocupado en estudiar la naturaleza que, por así decir, se despertaba y propagaba por doquier nuevas bellezas, entró, sin saberlo, en un bosque de mirtos consagrado a Venus. Allí, arrebatado por un movimiento desconocido, se echó sobre un tapiz de verdor salpicado de narcisos y violetas y enseguida se durmió. La Diosa, llevada sobre una nube[16] azul tachonada de estrellas de oro, se le apareció en sueños. Sus cabellos flotaban negligentemente sobre los hombros desnudos y un broche de zafiros y de rubíes los levantaba sobre su cabeza de una manera nueva y galante. Todo hacía sentir la presencia de la Diosa de la belleza. Sus ojos estaban llenos

---

15 N. T. Nueva alusión a la importancia de la emoción en la manera de entender el arte en el siglo XVIII.

16 N. T. El presente relato establece relaciones con la pintura además de la escultura. En particular, las descripciones de Venus, encima de una nube, corresponden a la manera de representar pictóricamente las divinidades en el siglo XVIII francés.

de esa ternura vivaz que anuncia los mayores placeres y es, como quien dice, su anticipo.

Pigmalión —le dijo ella—, me debes un desmentido de tu indiferencia: mi gloria está interesada en ello. Considera mis rasgos, ve qué alma está esparcida ahí, qué armonía los reúne. Toma tu cincel: conduciré tu mano, encenderé tu imaginación. Se verá nacer una obra maestra del arte... Serás el primer sorprendido, todos los conocedores la admirarán... Venus estará contenta por ti y por ella misma. La Diosa le dirigió de inmediato una mirada penetrante que lo llenó de esa vivacidad y ese estremecimiento que se hacen sentir al acercarse a una voluptuosidad anhelada y ardientemente deseada.

Pigmalión se despertó. Un sueño tan halagador permaneció grabado en su espíritu como una realidad. Venus se ofrecía todavía ante sus ojos con todos sus encantos. Venus lo encantaba, Venus lo conmocionaba con su divinidad. Parecía un hombre sorprendido que se diría a sí mismo: «ayer me adormecí en un paraje salvaje y hoy heme aquí transportado a un salón magnífico y recostado sobre cojines revestidos en satén. ¡Qué contraste! ¡Qué metamorfosis!»

Todas las ideas de Pigmalión se aclararon al mismo tiempo. Vio la belleza en su fuente. El verdadero amor se pintó en su espíritu, ese amor que no es compartido por coquetas ni mojigatas, ese amor que comienza por la estima, que se nutre de sentimientos del corazón, que se interesa por la gloria de la persona amada, que puede, en fin, pasar por la más amable y la más espiritual de todas las virtudes. Los favores raramente otorgados lo nutren. Son libertades que el amor permite, pero que hay que tomar de manera oportuna y delicada. Amor feliz, el bálsamo más saludable de la vida,

> ¡Todos los otros placeres no valen
> tus penas!
> La verdadera felicidad del alma es
> cargar tus cadenas.

El sueño que había tenido Pigmalión en el bosque consagrado a Venus no podía borrarse de su corazón, aún menos de su espíritu. Volvía sin cesar, todo le recordaba ideas halagadoras y conmovedoras. Una mañana en que consideraba, con más placer que de ordinario, un bloque de mármol blanco que sus alumnos habían desbastado y preparado, tomó su cincel como por súbita inspiración. Apenas hubo comenzado a trabajar, su mano cobró audacia, el mármol se tornó dócil y adquirió de alguna manera la blandura de las carnes. La obra avanzaba como por sí misma, o más bien, se perfeccionaba con extrema rapidez. El escultor estaba tanto más sorprendido, pues de ordinario trabajaba más lentamente y le era difícil contentarse. Pero, esta vez, sintió algo superior en su arte. La Diosa quería triunfar y las mujeres siempre triunfan cuando el interés de su belleza y el amor propio intervienen.[17] Pigmalión reprodujo los mismos rasgos que lo habían impactado durante su sueño. Los contornos, las expresiones del rostro imitaban el natural. Finalmente, todo el trabajo hubo terminado. Venus jamás había parecido más bella. Un ligero paño parecía flotar sobre sus hombros en forma de manto. Todo el resto era de una blancura resplandeciente. No se sabía a cuál belleza dar preferencia. Cada una tenía su premio, su mérito particular.

Todos los conocedores vinieron a admirar la obra de Pigmalión. Encontraron que él se había superado a sí mismo. Unos empleaban largas horas a observarla considerando que todavía no la habían visto lo suficiente.

¡Oh, Dioses! —exclamaban—, ¿Por qué esta obra maestra tuvo que partir de la mano de un hombre?

Los otros, lápiz en mano, dibujaban la nueva Estatua haciendo de ella el objeto principal de sus estudios. Inclusive las mujeres, por gusto o por curiosidad, se apresuraban a verla. Era el espectáculo del momento. Algunas retornaban más tristes y, de alguna manera, celosas de lo

---

17 N. T. Muchos de los comentarios críticos en lo que atañe a las mujeres pueden ser interpretados como referidos a la condición femenina en sí o refiriéndose a características femeninas de la sociedad del autor. Por el desarrollo posterior, esta segunda opción parece la adecuada.

que habían admirado. ¿Se hubiera creído algo así de una estatua? Mas los celos atacan todo lo que agrada. Parece que una linda mujer no ve sino con disgusto elogiar cualquier otra cosa que no sea ella misma, aunque sea una flor, una estatua, una pintura.

Pigmalión, exaltado, aplaudido aun por aquellos que estaban más enojados por haber tenido él tanto éxito, trabajó en un pedestal de basalto o mármol negro veteado de rojo para colocar allí a su Venus. Inmediatamente, la hizo transportar a un salón aislado, que estaba al final de su jardín donde iba a pasar los momentos más agradables de su vida, solo, ocupado con sus pensamientos e interrogando sin testigos su corazón. Ese salón estaba pintado de verde y oro; lechos de reposo, un poco alejados unos de otros, ofrecían refugios seguros y cómodos que ayudaban a la ensoñación. Una luz tenue se esparcía por cuatro ventanas guarnecidas por hojas de *talco*[18] y el día se atenua-

---

18 N. T. *Talco* es el nombre de una piedra compuesta de láminas muy finas, brillantes, suaves al toque que varían de color y en grado de transparencia. Se caracteriza también por su alta resistencia al fuego y a ácidos, mas, al mismo tiempo, por ser muy fácil de pulverizar. Con diferentes aplicaciones en la industria, actualmente es conocido popularmente en su versión farmacéutica como polvo para uso en la higiene personal. Dada su transparencia, antes de la generalización del uso del vidrio, esta piedra fue usada en ventanas. Para más detalles, puede consultarse el artículo *Talc* en la *Encyclopédie ou Dictionnaire Raisonné*

ba todavía más con cortinas hechas de *cueros* de España[19] que se corrían con cordones oro y verde.

Fue en medio de un salón tan voluptuosamente ornamentado[20] que apareció la Estatua de Venus causando

---

des des Sciences, des Arts et des Métiers, disponible en: https://portail. atilf.fr/cgi-bin/getobject_?a.119:94./var/artfla/encyclopedie/textdata/ IMAGE/

19 N. T. En el original *peaux d'Espagne* que optamos por traducir con la palabra *cueros* en vez de *pieles* por ajustarse más a la tradición artesanal española de la época. En efecto, aunque mucho más antiguo, en el siglo XVI, el trabajo del cuero en España, y en especial en Córdoba, adquiere fama en toda Europa por la calidad y sofisticación de las técnicas de cordobanes y guadamecíes. Estos se diferencian entre sí fundamentalmente por el tipo de cuero utilizado y la finalidad de sus productos. Mientras que los primeros se confeccionaban con el cuero de cabra y de macho cabrío y se destinaban a objetos con finalidad más práctica, los últimos se realizaban solamente con cuero de carnero y se destinaban a objetos más delicados y lujosos que suponen técnicas de plateado y dorado. Entre tales objetos, además de tapices, figuran cortinas como mencionado en el texto de Boureau-Deslandes. Para más informaciones, pueden consultarse: *Notas sobre los cueros de Córdoba. Guadamaciles de España, Etc.* Por el Barón Ch. Davillier, traducido por D. Enrique Claudio Girbal y publicado por la Imprenta del Hospicio Provincial, Gerona, 1879. Disponible en: https://biblioteca.cordoba.es/BibDigital/OCR/1879_davillier_cueros_cordoba-OCR.pdf y *Cordobanes y guadamecíes: Catálogo Ilustrado de la Exposición* por José Ferrandis Torres, Palacio de la Biblioteca y Museos Nacionales, Madrid, 1955. Disponible en: https://ddd. uab.cat/pub/llibres/1955/75036/corgua_a1955x1@cchscsic.pdf

20 N. T. La descripción del salón «tan voluptuosamente ornamentado» alude al gusto rococó de la época.

un efecto admirable. De cualquier lugar que se la mirara, los ojos quedaban encantados y, si osáramos decirlo, el corazón arrebatado. Pigmalión no pasaba un día sin ir a soñar muchas horas seguidas en este salón. Sin esperanza de hacer alguna obra que se le aproximase, resolvió renunciar a su arte.

¡Oh, Venus! —decía alguna vez— ¡Oh, Diosa todo poderosa! Tú has conducido mi mano, hice una obra maestra. Pero, ¡cuántos movimientos desconocidos crecen en mi alma! Más que nunca, siento que falta alguna cosa a mi felicidad. Vivía tranquilo, no deseaba nada. En el presente, todo me incomoda, todo me inquieta. Deseo un bien que no conozco o que busco ocultarme. ¡Oh, Diosa! Socórreme, no me abandones.

Luego, Pigmalión guardaba un profundo silencio. Sus ojos se llenaban de lágrimas. Pensaba con displicencia, casi no osando confesarse lo que pensaba. ¡Ay! —se decía a sí mismo—. Si alguna Divinidad favorable pudiese darle vida y movimiento... ¡qué felicidad sería igual a la mía!... Mas, ¡oh, deseos superfluos, tal vez hasta ridículos! Deseo lo que no espero. Pido lo que me es imposible de obtener. Este mármol siempre será un objeto encantador a mis ojos, pero siempre habrá un vacío infinito entre su existencia y la mía. ¿Quién puede comunicar pensamiento y sensación al mármol? Mas, ¿quién me los comunicó a mí mismo? ¿Qué era yo en el primer instante en que comencé a pensar o sentir? ¿Qué soy todavía ahora? Vivo, respiro, pienso, tengo sensaciones.[21] ¿No puede sucederle lo mismo a esta estatua? Quizás, todo dependa de un poco más o de un poco menos de movimiento, de un cierto arreglo de partes. Un cuerpo duro puede tornarse flexible, el caos puede recibir una forma más regular. Aquí la materia es extensa, allá pesa, más lejos ella se mueve, más lejos todavía piensa. Tal vez son apenas diferentes modificaciones que convergen para formar un todo perfecto.

Pigmalión se entretenía con estos pensamientos que lo halagaban y entristecían alternadamente. A pesar de apelar a su razón, ella no acudía a socorrerlo. Su única ocupación era ir a ver muchas veces por día a su querida Estatua. Se echaba ora en un diván, ora en otro. Algunas veces le hablaba y enseguida enrojecía de haberle hablado. Una tarde que la observaba más atentamente que de ordinario, se percató de que ella hacía algunos movimientos e inflexiones con su cabeza. ¡Oh, Venus! —exclamó—

---

21 N. T. En el original, *sentimens*, actualmente *sentiments*. Entre otras connotaciones, desde antes del siglo XVIII, esa palabra podía significar tanto sensaciones como sentimientos. Según Furetière (1708), la palabra podía usarse como sensación, en el sentido de impresión de los objetos recibida por medio de los órganos de los sentidos; pero también podía usarse figuradamente para referirse a cosas espirituales: sentimiento como opinión o como pasión. En alusión al proceso de animación de la estatua, optamos aquí por *sensaciones*.

¡cuán grande es mi sorpresa! ¿No me engañé? Ojos míos, ¿son cómplices de los desvaríos de mi corazón?

De inmediato, la Estatua se detuvo completamente y volvió a quedarse inmóvil. Los días siguientes, Pigmalión se hizo más asiduo en las visitas a su salón. Espiaba, por decir así, el momento favorable en que la Estatua debía cesar de serlo, en que la materia extensa debía pasar a un estado más perfecto o, al menos, más perfeccionado en que ella debía pensar. Este cambio no se hace bruscamente, ni por saltos, se hace gradualmente, por matices, por movimientos insensibles. Hay una distancia infinita de un estado al otro, mas ese infinito se completa en un tiempo muy finito.

Pigmalión, recordando todas sus ideas, se decía con gran desconfianza: Pues, ¡qué! Mi razón no ve nada en todo eso. ¡Mi razón! ¿Qué es mi razón? ¿Qué ve ella? ¿Qué me enseñó desde que estoy en el mundo? ¿Qué tinieblas ha disipado? ¿Qué es un hombre razonable? ¿Qué ventaja tiene sobre los que se supone que no lo son?

Desde el primer momento en que Pigmalión hubo percibido movimiento en la Estatua, todas las veces que la volvía a ver, percibía un progreso de ese mismo movimiento. Se habría dicho que ella ensayaba respirar, vivir, caminar y, aún más, que ella ensayaba pensar. Es así como un niño en la cuna parece algo bruto, más bruto y más informe que el mármol. La máquina se desenvuelve poco a poco, sus resortes juegan unos contra otros, a su vez, los fluidos y los sólidos combaten y resisten entre sí en una acción y reacción continua. La máquina adquiere toda su perfección, se ven crecimientos sucesivos en el pensamiento y el razonamiento, se les nota más fuerza, nitidez, más unión y simpatía.[22] Después, la máquina decrece, se desgasta, se descompone, perece. El alma se resiente de las mismas disminuciones: primero no era nada, se torna alguna cosa, se fortifica; recae poco a poco en un estado de anonadamiento, finalmente se extingue. He ahí la vida del alma poco diferente de la vida del cuerpo. No es necesario engañarse sobre eso.

Como el movimiento es el medio por el cual la materia debe pasar de no pensante que era a devenir pensante, la Estatua no dejó de adquirir gradualmente todos los movimientos de que un cuerpo es susceptible. Sobre todo por las noches, como si ella no estuviera todavía bien segura de su acto y temiese ser vista, descendía de su pedestal, caminaba por el salón y volvía a ponerse en su lugar acostumbrado. Después de todos esos preliminares, se mani-

---

22 N. T. En el original *sympathie*. Con relación a las cosas inanimadas, se dice de la tendencia a unirse o a actuar una sobre otra; por ejemplo, el imán tendría simpatía por el hierro (Furetière, 1708). Al designar esta supuesta afinidad entre las cualidades de ciertos cuerpos, la palabra simpatía rescata, a partir del siglo XVI, el sentido presente en el léxico de Epicuro y de los estoicos (Rey *et al.*, 2006: 3720).

festó el pensamiento como un rayo de luz que irrumpe en una noche oscura. La Estatua, no más estatua, pensó y al mismo tiempo exclamó para sí: ¿Qué soy y qué era hace un instante? No me comprendo, no me conozco. ¿A qué estoy destinada? ¿Por qué me han sacado de la nada? Todo de lo que me percato, todo lo que me es permitido conocer es que existo, que siento que existo. Mas, ¿de dónde viene mi pensamiento? ¿Qué es pensar? Me repliego sobre mí misma, no conozco nada de mi ser. ¡Oh, pensamiento! Me perteneces propiamente: eres el sello de mi existencia, pero ignoro todo el resto. Intentemos, no obstante, unir algunos pensamientos entre sí. Si yo fuera el único ser que existe, existiría sin ninguna finalidad... ¡Qué idea confusa acaba de ocurrírseme! Siento que, si existo, debo existir con contentamiento, tener satisfacción de mí misma.

Mientras la Estatua todavía hablaba, Pigmalión entró bruscamente. La sorpresa fue recíproca. Criatura y creador[23] se observaron largo rato con miradas divertidas

---

23 N. T. En el original *l'Ouvrage et l'Ouvrier.* Estas palabras sufren modificaciones en sus significados debido a los cambios a lo largo de la historia de las condiciones de trabajo y producción. Aquí interesa considerar en especial algunos matices: a) en torno de *ouvrier:* en el siglo XII designa una persona que realiza un trabajo con habilidad. Hasta el siglo XVIII ese término es usado como sinónimo de artesano y a veces también de artista. Posteriormente, efecto de la revolución industrial y del surgimiento del proletariado, el término pasará a significar trabajador

y curiosas. Al final, rompiendo el silencio la Estatua dijo a Pigmalión:

—Quienquiera que seas, pues al ignorar sobre mí misma, debo ignorar aún más acerca de ti, enséñame cuál es mi suerte. No era nada hace algunos instantes y devine algo. Pero ¿qué soy y quién eres tú? ¿A quién debo mi ser?

Pigmalión respondió sorprendido:

—Se lo debes a una Divinidad poderosa y favorable; soy yo quien, por sentimientos de naturaleza desconocida, he obtenido esa gracia de ella. Si tú vives, vives por mí y debes vivir para mí.

—¿Qué escucho? —retomó la Estatua—, ¿en qué idioma me hablas? ¿Qué es una Divinidad? ¿Qué es la naturaleza? ¿Qué es vivir por ti y para ti? No sé nada, todo me es nuevo; por gracia, instrúyeme.

Pigmalión, perturbado, como era de esperar, se retiró para volver poco después. La Estatua continuó haciéndole preguntas.

—¿Solo existimos nosotros? —le preguntaba— ¿no hay otros seres además de nosotros? ¿Todo está encerrado

---

manual de la industria. (Rey *et al.*, 2006: 2512); b) en torno de *ouvrage*: en general significa trabajo, objeto creado, acción de trabajar. Desde el siglo XV, se usa también a propósito de una producción del espíritu (Rey *et al.*, 2006: 2511). Considerando estos matices semánticos y el juego de palabras con la misma raíz, optamos por el par criatura-creador.

en este pequeño espacio donde nos encontramos? Me siento limitada, mas me engaño o mi pensamiento va más lejos.

Pigmalión le respondió vacilando:

—Nosotros somos apenas la menor parte de lo que existe, los límites de este salón no son los límites del universo. Hay innúmeros seres que existen todos a su manera, que viven y mueren a su vez; mas todos esos seres no componen sino uno solo, que es el Todo, llamado Dios, Naturaleza y Universo. Todos los seres particulares se ciñen a ese primer ser, participando más o menos de la vida universal. Hasta hace unos pocos instantes, tú eras estatua y ahora piensas. Como tú, ignoro de qué manera se ha hecho este cambio. Parece que el Todo, que el verdadero ser, debe contener todas las modificaciones posibles; en consecuencia, no debe menos pensar que ser extenso, razonar que moverse, tener sentimientos[24]

---

24 N. T. En el original *sentimens*, actualmente *sentiments*. Como indicado en nota anterior, esa palabra podía significar tanto sensaciones como sentimientos. Optamos aquí por *tener sentimientos* en contraposición a ser figurado en el sentido de tener figura, propio de los cuerpos. En oposición al dualismo cartesiano substancia pensante-substancia extensa, Boureau-Deslandes propone aquí tres pares conceptuales no excluyentes entre sí: pensar y ser extenso, razonar y moverse, tener sentimientos y tener figura.

que ser figurado,[25] etc. Quien dice todo no hace ninguna excepción.

—He ahí cosas que me resultan nuevas —retomó la Estatua—, que tengo dificultad en concebir y acordar conmigo misma. Pero, dime ¿qué es vivir? ¿Se vive siempre o el que tiene vida cesa de tenerla alguna vez?

—En sentido estricto —respondió Pigmalión— todo vive, lo que parece cesar de vivir, revive de otra manera. Mas para explicarte cosas tan sublimes, precisaría entrar en muchos detalles que te son desconocidos. Sabe apenas, oh, divina Estatua, que para nosotros que pensamos, vivir es recordar, poder reunir en conjunto ideas que se siguen unas a otras, que son interrumpidas apenas por cortos intervalos. Cuando el hilo de esas ideas se rompe, eso se llama morir. Pero se revive de otra manera y entonces recomienza una nueva serie de ideas que no tienen ninguna relación con las primeras.

Pigmalión le dice enseguida:

— No te impacientes. Los conocimientos no se adquieren de golpe. Tú te los procurarás poco a poco, tanto por el trato con los otros hombres, como por tus reflexiones. Mil objetos nuevos van a presentarse a tus ojos:

---

25 N. T. De acuerdo con Furetière (1701), entre otras acepciones, *figure* significa la superficie exterior de todos los cuerpos y toda representación en imágenes.

aprenderás insensiblemente sus nombres, sus propiedades y la relación que ellos tienen contigo. Será una instrucción detallada.

Luego, Pigmalión le explicó cómo se instruyen los niños, cómo ellos adquieren sus conocimientos y sus ideas,
cómo de ser estatuas se tornan racionales. Primero ellos
reciben sus ideas y conocimientos por sus sentidos: ellos
ven, oyen, tocan, sienten. Después, los otros hombres les
enseñan lo que los sentidos no han hecho sino mostrar-
les, sino indicarles. Finalmente, combinan por sí mismos
lo que han entrevisto y lo que les han enseñado: es el fruto
de reflexiones. Con eso se forman las ideas, se adquieren
conocimientos. Un niño privado del contacto con otros
hombres no saldría de la infancia del espíritu, pensaría
poco más que el mármol, no conocería nada o casi nada.
¡Qué cantidad de ideas y conocimientos provee una buena educación! Y, no obstante, ¡cuántos niños bien criados
permanecen... siempre niños y permanecerán tales!

Hasta ese momento, la Estatua se había quedado
sentada sobre su pedestal. Pigmalión no se había atrevido
a aproximarse a ella. La miraba con el mismo respeto que
un sacerdote, aún no experimentado en las cosas santas,
habría mirado una Divinidad. Mas al fin cobró audacia y,
tomándola de la mano, paseó sus miradas ávidas y pene-
trantes sobre el más bello cuerpo que se ha podido ver.
¡Cuántas bellezas se ofrecieron a sus ojos! ¡Y aún más be-

llezas, entre las cuales, unas se embellecían por su proximidad, otras por su contraste! Todo era proporcionado de
la manera más perfecta: un cierto atractivo superior,[26] más
raro que la belleza, hacía sentir lo que la naturaleza había
arreglado tan bien. Cuanto más atentamente Pigmalión
observaba y más redoblaba la atención, menos sabía qué
convenía mirar. Las manos dóciles siguen tan fácilmente
lo que antes ha agradado a los ojos que Pigmalión no
podía dejar de apropiarse con el toque de las bellezas que
él había captado con miradas ardientes. ¡Grandes Dioses!
¡Qué firmeza! ¡Qué carne![27] Cada parte tenía los encantos
y los atractivos que les son destinados. Un cuello sosteni-
do por las manos de la naturaleza que repelía las que se
le acercaban, un cuello que anunciaba otras bellezas más
secretas incitaba a Pigmalión a buscarlas. A duras penas
pudo cerciorarse de ellas. ¿Qué obstáculos no encontró?
¡Y qué deseo de vencerlos!

Pigmalión, fuera de sí —¿y quién lo estaría menos?—
apretó con besos inflamados la boca de su Estatua.

---

26 N. T. En el original, *une certaine fleur d'agrément*. En este tipo de
construcción, *flor* aludía a la parte superior o mejor de algo (Rey *et al.*,
2006: 1442).
27 N. T. En el original, *embonpoint* que significaba hasta el siglo XVIII en
buen punto, en buena condición o en buena salud. Desde el XVI también
significa el estado de un cuerpo bien encarnado, *un poco gordo* (Rey *et
al.*, 2006: 1215).

—¿Qué pretendes? —exclamó ella— ¿qué movimientos desconocidos me haces sentir? Me conozco todavía menos que hace algunas horas. Apenas vivo y tú quieres que muera. Pero ¡qué muerte! ¡Cómo me parece dulce! ¿Cómo llamas los movimientos que das y aquellos que me fuerzas a darme a mí misma? ¡Habla! ¡Detente! ¡No te detengas! Cedo a tus arrebatos, mas ¿qué nombre les das?

—...Placer, placer —respondió Pigmalión con voz entrecortada— ¡el mayor de todos los placeres! ¿Es posible resistir a esto? ¡Cuánta felicidad! ¡Cuán extrema! ¡Culminen, grandes Dioses! Culminen mi felicidad... la voz me falta... soy feliz.

Esta voluptuosidad experimentada por primera vez agradó extremadamente a la Estatua. Como estaba echada sobre un lecho, recostada favorablemente, ella invitó a Pigmalión a repetirla. Él obedeció, prestándose con tanto más gusto cuanto que la Estatua accedía a nuevos agrados. Parecía que las conmociones reiteradas de esta especie de placer aumentaban, por así decir, y perfeccionaban su alma.

Ahora —dijo ella— no puedo dudar de que vivo. Lo que tú llamas placer acaba de convencerme de mi ser y de persuadirme de su realidad. Ciertamente yo vivo porque estoy embriagada de él. Pero ¿cómo se ha podido conocer que el placer estaba escondido en ese reducto amable[28] donde me lo has hecho sentir? ¿Cómo se ha podido penetrar este agradable misterio?

Sorprendido, Pigmalión le replicó:

—Todas nuestras historias comienzan con el descubrimiento de este placer. Es el primero que se ha hecho y se lo ha enmascarado bajo diferentes símbolos. El principal es el de la Manzana que contenía la ciencia del Bien y del Mal. En efecto, todo está encerrado en esta acción, sobre todo cuando bien realizada. Mas te enseñaré esa historia en otro momento, así como muchas otras más curiosas todavía.

—Tú me enseñarás todo lo que quieras —y continuó la Estatua con aire de curiosidad que no le sentaba mal— dime solamente si, después de este primer descubrimiento, se han hecho otros que se hayan aproximado a ese. La ciencia del placer, pues me interesa lo que respecta a ella, ¿se ha perfeccionado?

—¡Oye, mi Dios! No, —continuó Pigmalión— todo ha sido descubierto al principio. Mas en compensación

---

28 N. T. En un curioso texto intitulado *L'Apotheose du beau-sexe*, Boureau-Deslandes también hace referencia a los órganos sexuales femeninos, mas reivindicando el culto a ellos. Como indicamos en el estudio preliminar, vemos en estas alusiones explícitas una tentativa de naturalizar la manera de entender la sexualidad.

se han inventado muchas otras cosas que se dice que son muy bellas, muy agradables y que han perfeccionado la vista, el oído, el tacto en ciertos aspectos. En lo que respecta al placer, no se sabe más de lo que se sabía antaño...

—¡Oh, placer! —respondió la Estatua— ¿por qué te han descuidado tanto? ¿No eres tú quien verdaderamente reina y a quien era preciso ofrecer sacrificios?

Mientras ellos así se entretenían, el dulce sueño, que es una especie de recompensa del placer generosamente llevado a algunos excesos, los sorprendió. Pigmalión se adormeció en los brazos de su admirable Estatua que a su vez rehusó algún rato el sueño como una especie de anonadamiento, mas enseguida se entregó a él como a un estado de indolencia que renueva las fuerzas y el gusto del placer. Una voz desconocida y agradable los despertó de a poco y de inmediato ellos volvieron la vista graciosamente uno hacia el otro. Jamás el amor brilló con más fuerza que en ese momento, ni en ojos más satisfechos que los suyos. Estaban plenos de una dulce languidez y respiraban apenas voluptuosidad.

¡Oh, tú! —dijo la Estatua al despertarse— ¡oh, tú que eres todo para mí, ya que no conozco sino a ti, renueva tus caricias! Sin ellas, temo perderte. Temo que te me escapes... no ceses de amarme.

Habiendo sido felizmente disipados las alarmas y los temores de la Estatua, ella sintió una nueva necesidad que la preparaba para un nuevo placer, era el apetito. Pero ignoraba de qué manera haría conocer esta necesidad. Le faltaban las palabras, las expresiones no respondían a la abundancia de sus pensamientos. Pigmalión la entendió con media palabra, la entendió tanto mejor pues hay una especie de unísono entre las almas de las personas que se aman y que, sin hablar, adivinan sus sentimientos mutuos y penetran sus pensamientos. Inmediatamente hizo traer frutas secas, otras endulzadas con miel, tortas de la mejor harina,[29] amasada con leche y mezclada con almendras y pistachos y, sobre todo, el excelente vino de Chipre que ofrecía a sus amigos apenas los días en que celebraba la fiesta de la Diosa de las artes. Ese vino unía a un dejo de sabor amargo que le era propio, todo lo envolvente y agradable del vino de Lesbos.

La Estatua, sorprendida por una abundancia tan sofisticada, siguió el ejemplo de Pigmalión:

—¡Qué deliciosos estos alimentos! —le dijo— me ofrecen un nuevo placer, pero, ¿cómo lo nombras?

---

29 N. T. En el original, *de fine fleur de farine, fine* designa un carácter de perfección; a su vez, como señalado en nota anterior, la palabra *fleur* significa la parte superior o mejor de algo, de modo que la unión de ambos términos refuerza todavía más el sentido de calidad superior (Rey *et al.*, 2006: 1433).

—Es el del gusto —reanudó Pigmalión— pero es preciso satisfacerlo apenas por intervalos. Hasta es preciso excitarlo más que satisfacerlo. Para disfrutar bien de los placeres, es necesario que alguna necesidad los preceda, entonces tienen todo lo picante que deben tener. La voluptuosidad exige economía. ¿Y en qué podría consistir esa economía sino en preparar los placeres por las necesidades que son las precursoras, en desearlos por largo rato, en fin, en saborearlos con inteligencia y en saber que se los saborea?

Pigmalión permaneció durante ocho días con su querida Estatua. La dejaba apenas para volver a reunirse con más impaciencia. Sus conversaciones eran siempre vivas y animadas, siempre acompañadas de caricias. Aunque su retiro los ponía extremadamente curiosos, ni los amigos de Pigmalión, ni sus sirvientes, más curiosos todavía, pudieron entrar durante ese tiempo en el salón del jardín. Pero una felicidad tranquila, una felicidad disfrutada sin testigos, cansa insensiblemente. Uno quiere ser feliz, pero quiere serlo con alguna inquietud. Uno quiere ser feliz, pero uno quiere que los otros sepan que uno lo es y que estén celosos de eso. La Estatua comenzó a tornarse menos ardiente, mostró algún aburrimiento. Pigmalión se percató y, como era muy instruido en las artes de la sensualidad, vio claramente que era tiempo de dejar el salón del jardín y de familiarizar a su querida Estatua con el trato del mundo. Pidió entonces a sus mejores amigos que vinieran una noche a cenar a su casa. Con aire un poco misterioso, les previno que les haría ver la obra maestra más perfecta que su arte jamás hubo producido.

La comida estaba preparada en una sala baja de su casa, al nivel del jardín. Muchas velas la iluminaban y el piso se había rociado con aguas perfumadas extraídas de las flores más bellas. El aire exhalaba perfumes exquisitos. Un dulce Céfiro hacía ondear las cortinas púrpuras de Tiro[30] que habían sido corridas negligentemente en las ventanas. Ningún sirviente debía aparecer en esta sala, vista por Pigmalión como la ciudad del placer y aún más de la fidelidad.[31] La mesa sobre la cual se debía comer correspondía a muchos pequeños bufés colocados con tan perfecto arte que cada uno podía servirse sin incomodarse ni incomodar a los otros. ¡Agradables banquetes donde

---

30 N. T. En el original, *pourpre* y, como en español *púrpura,* son palabras usadas para designar las telas teñidas con la tintura de unos moluscos de la región de Tiro. En la antigüedad, las confecciones hechas con ellas simbolizaban riqueza y poder.

31 N. T. En el original, *fidélité.* Una de sus acepciones es lealtad, suerte de virtud consistente en observar de modo exacto y sincero lo que se prometió o lo que se debe hacer (Furetière, 1701). Esta virtud es asociada con la confiabilidad. En el contexto, la palabra sugiere una actitud discreta como aspecto de la lealtad hacia los amigos.

no hay espectadores y donde los que son recibidos olvidan al salir las locuras dichas y las libertades tomadas!

Cuando todos los amigos de Pigmalión estuvieron reunidos, él les dijo riendo:

—Antes de sentarnos a la mesa, voy a buscar mi Estatua de Venus, quiero que cene con nosotros. No es una fábula, mis queridos amigos, no es una broma, la reconocerán sin dificultad. Ella está viva, está animada, respira, agrada. Ustedes amarán su espíritu y aún más su ingenuidad.

Todos los convidados sonrieron y consideraron el discurso de Pigmalión un agradable devaneo. A lo sumo esperaban ver una nueva obra de su mano. Mas, ¡oh, Dioses! ¡Qué sorpresa fue cuando vieron entrar a la propia Estatua de Venus que, habiéndola admirado con tanta frecuencia, reconocieron al primer golpe de vista! Estaba vestida con una túnica de lino que dejaba ver en parte sus brazos y su cuello cuya blancura los deslumbraba. Por encima de esta túnica, flotaba un manto de color azul que la Estatua dejaba caer y luego devolvía sobre sus hombros. Tenía una especie de zapatos, o más bien de botines[32] ro-

---

32 N. T. En el original, *brodequins*, palabra que significaba tela de color oscuro o rosa que servía para hacer calzados. Hasta el siglo XVII también significaba calzado cubriendo el pie y parte de la pierna, adornado y delicado, llevado sobre todo por mujeres y niños. Este sentido se recupera

jos adornados con varias hileras de perlas. Sus cabellos nacientes y entremezclados con flores violetas y amarillas acompañaban el rostro más bello del mundo. Ojos vivaces que hablaban sin cesar anunciaban toda la perfección del alma. En medio de todo, resplandecía como un rayo de la Divinidad que era el sello del origen de la Estatua. Todos los invitados se estremecieron al verla plena de vida y la adoraron humildemente.

¡Qué sorprendente metamorfosis! —decían— ¡Qué feliz es Pigmalión por haberle hecho el Cielo un regalo tan bello, único que supera todos aquellos que su bondad puede conceder a los mortales, aun a aquellos a quienes parece favorecer más!

Mientras tanto se sentaron a la mesa. Fueron servidos los platos más delicados, su disposición les daba aún más merecimiento. El gozo aumentaba a medida que los ojos se volvían hacia la Estatua animada. Ella consultaba los de Pigmalión y él a su vez parecía muy halagado de obedecer a los suyos. Cuanto más la provocaban, más ingeniosa y sutil la encontraban. No sé qué aire de ingenuidad y de inocencia, si la inocencia puede subsistir no obstante los desafíos que ella había sufrido, no sé, digo, qué aire de ingenuidad se esparcía sobre todas sus accio-

---

en el XIX para después desaparecer. Otro significado es el de calzado alto usado en las comedias antiguas (Rey *et al.,* 2006: 531).

nes y sobre todas sus palabras. A algunos invitados se les ocurrió en la mesa hacer canciones en su favor que eran galantes, aunque largas y de gusto metafísico, a lo que ella respondió en el acto con otras más cortas y, creo, mejores. Las terminaba con ingenio, sin muchas palabras. El banquete se animaba cada vez más. Pigmalión lleno de amor, estrechando la mano de su Estatua, le dijo:

—Es costumbre de la Región[33] donde vivimos la de unirse, una vez que se ama, por lazos que no se rompen jamás. Un hombre y una mujer se comprometen entre sí a no dejarse nunca más. Eso se llama matrimonio y nuestros sacerdotes que, por una útil curiosidad, quieren entrar en todos nuestros acuerdos, agregan lo que ellos llaman el sello de la religión. ¡Oh, Estatua! ¡Oh, divina Estatua! ¡Mi designio es desposarte! Te juro compartir mi fortuna, mis bienes, mi vida, mi alma. Sean todos testigos —añadió mirando a los invitados— sean testigos de la palabra que empeño. ¡Antes morir que abandonar a mi querida Estatua!

En el mismo momento, ella encaró a Pigmalión, respondiéndole con ese aire frío que persuade:

---

33 N. T. En el original, la palabra utilizada por el autor es *pays*. Como destaca Anouchka Vasak, esa palabra sufre cambios debido a la situación histórico-política: mientras que en el contexto monárquico refiere a un espacio regional, en el republicano a un espacio nacional (2022: 50).

—Para jurarnos que viviremos siempre juntos, ¿estamos seguros de que nos gustaremos siempre? ¿Por qué querer adentrarse en un futuro incierto? Te juro que mientras me gustes, no te abandonaré. Te juro además que haré todos mis esfuerzos para agradarte siempre. A este precio, amémonos. Deja los juramentos a quienes no conocen la fuerza de estos, a los locos y a los imbéciles. Nosotros, querido Pigmalión, comprometámonos delante de tus amigos que se han tornado los míos, a no separarnos mientras nos gustemos.

Apenas había terminado este discurso cuando Venus apareció en la sala sentada sobre una nube de oro.

Pigmalión —le dijo— te he tratado mejor que a todos los demás mortales, he cumplido el más ardiente de tus deseos. Tu Estatua vive, tu Estatua respira. Trata sin cesar de agradarla y no la fuerces a amarte: es la manera de que ella te ame siempre.

La Diosa de la belleza los tocó al mismo tiempo con su cinturón, pieza maravillosa tejida por las manos de las Gracias a la que está vinculado el don inestimable de embellecerlo todo y de propagar placeres imborrables.

El resto de la historia de Pigmalión jamás fue escrito. Parece que después del acontecimiento de la Estatua animada, su vida no tuvo otros, o al menos ninguno que haya merecido comparársele.

FIN

BIBLIOGRAFÍA EMPLEADA EN LA INTRODUCCIÓN, TRADUCCIÓN Y NOTAS

ARMAND, G. (2013). Quand le conte nous fait croire en la Science: le cas de Boureau-Deslandes. *Feeries*, 10, 181-193. https://doi.org/10.4000/feeries.897.

ASSELIN, O. (2006). Le marbre et la chair. Le modèle tactile dans l'esthétique matérialiste de Diderot. *Études Françaises*, 42 (2),11-24. https://doi.org/10.7202/013861ar.

BABOULÈNE-MIELLOU, N. (2016). *Le créateur et sa créature: le mythe de Pygmalion et ses métamorphoses dans les arts occidentaux*. Presse Universitaire du Midi.

BAYLE, P. (1969). *Dictionnaire historique et critique*. Slatkine.

BINOCHE, B. & DUMOUCHEL, D. (2013). Introduction. Esquisse de typologie. En *Passages par la fiction. Expériences de pensée et d'autres dispositifs fictionnels de Descartes à Madame de Stäel*. Hermann.

BOUREAU-DESLANDES, A-F. (1715). *L'Art de ne point s'ennuyer*. Étienne Ganeau.

___. (1717). Nouveau voyage d'Angleterre. En D'Albert, C-P. *État présent d'Espagne. L'origine des Grands avec un voyage d'Angleterre*. Étienne Le Vray.

___. (1737). *Histoire critique de la philosophie, où l'on traite de son origine, de ses progrès et des divers révolutions qui lui sont arri-*

vées jusqu'à notre temps. François Changion. https://gallica.bnf.fr/ark:/12148/bpt6k6529050n/f193.item.

___. (1741). *Pigmalion, ou la Statue animée*. Samuel Harding. https://gallica.bnf.fr/ark:/12148/b-t6k10544784. r=Pigmalion %20ou%20la%20Statue%20anim%C3%A9e?rk=21459;2.

___. (1741b). *L'Apotheose du beau-sexe*. Van der Hoeck. https://gallica.bnf.fr/ark:/12148/bpt6k6529094t?rk=21459;2.

___. (1742). L'Optique des moeurs, opposée à l'optique des couleurs. En *Pigmalion ou la Statue animée*. Samuel Hardig.

___. (1746). *Lettre sur le Luxe*. (imprimé à Londres et se vend à la porte de la Bastille). https://gallica.bnf.fr/ark:/12148/bpt6k1518282p.image.

___. (1750). *Recueil de différens traités de Physique et d'Histoire Naturelle*. J-F. Quillau fils.

BOUREAU-DESLANDES, A-F. (1751). *La Fortune, histoire critique*. Laurent Durand.

___. (2000). *Réflexions sur les grands hommes qui sont morts en plaisantant: avec des poésies diverses*. Honoré Champion.

CLEMENTE DE A. (1979). *Protreptique ou Exhortation aux Grecs*. Éditions du Cerf. IV.

CONDILLAC, E. B. DE. (1947). Traité des sensations. En Le Roy (Ed.) *Oeuvres philosophiques de Condillac*. Presses Universitaires de France. v. II.

COULET, H. (Ed.). (2002). *Pygmalions des Lumières. Antologie établie et présentée par Henry Coulet*. Éditions Desjonquères.

CHARLES-DAUBERT, F. (1998). *Les libertins* érudits *en France au XVIIe siècle*. P. U. F.

D'ARNAUD, F. -T. -M DE BACULARD. (1775). Suite des Épreuves du sentiment. En Coulet, H. (Ed.) (2002). *Pygmalions des Lumières. Antologie établie et présentée par Henry Coulet*. Éditions Desjonquères.

DAVILLIER, CH. BARON DE. (1879). *Notas sobre los cueros de Córdoba. Guadamaciles de España, Etc.* Imprenta del Hospicio Provincia. https://biblioteca.cordoba.es/BibDigital/OCR/1879_davillier_cueros_cordoba-OCR.pdf

DENEYS, H. (2003). Épicure et le système des atomes dans l'Histoire de la Philosophie d'A-F Deslandes. *Dix-Huitième siècle*, 33, p. 29-54. https://www.persee.fr/doc/dhs_0070-6760_2003_num_35_1_2531.

DENEYS-TUNNEY, A. (1999). Le roman de la matière dans *Pigmalion ou la Statue animée* (1741) d' A-F Boureau-Deslandes. En Fink, B. et Stenger, G. (dir.). *Être matérialiste à l'âge des Lumières*. P. U. F.

DEPRUN, J. (1979). *La philosophie de l'inquiétude en France au XVIIIe siècle*. Vrin.

DESBOULMIERS, J. -A. J. (1766) De tout un peu, ou les amusemens de la champagne. En Coulet, H. (Ed.) (2002). *Pygmalions des Lumières. Antologie établie et présentée par Henry Coulet*. Éditions Desjonquères.

DESVIGNES, L. (2021). Boureau-Deslandes. En Mercier-Faivre, A-M. & Reynaud, D. (Ed.). *Dictionnaire des journalistes (1600-1789)* https://dictionnaire-journalistes.gazettes18e.fr/journaliste/103-andre-boureau-deslandes.

DIDEROT, D. (2007). *Essais sur la peinture. Salons de 1759, 1761, 1763*. Hermann.

___. (1749). *Lettre sur les aveugles à l'usage de ceux qui voient.* https://gallica.bnf.fr/ark:/12148/bpt6k5544966d/f343. image

___. (1875). Entretien entre D'Alembert et Diderot. En *Oeuvres Complètes de Diderot. Philosophie.* Garnier Frères, II.

DIDEROT, D., D`ALEMBERT, J. (1751). *Encyclopédie ou Dictionnaire Raisonné des Sciences, des Arts et des Métiers.* https://portail. atilf.fr/cgi-bin/getobject_?a.119:94./var/artfla/encyclope-die/textdata/IMAGE/.

EPICURO. (1999). Carta a Meneceo. En Oyarzún, P. R. Epicuro: Carta a Meneceo. Noticia, traducción y notas. *Onomazein*, 4, 403-425. https://doi.org/10.7764/onomazein.4.22.

FALCONET, E-M. (1761) *Réflexions sur la Sculpture: lues à l'Académie royale de peinture et de sculpture.* Prault. https://gallica. bnf.fr/ark:/12148/bpt6k6496752n.texteImage.

FERRANDIS TORRES, J. (1955). *Cordobanes y guadamecíes: Catálogo Ilustrado de la Exposición.* Palacio de la Biblioteca y Museos Nacionales. https://ddd.uab.cat/pub/llibres/1955/75036/ corgua_a1955x1@cchscsic.pdf.

FURETIÈRE, A. (1701). *Dictionnaire universal, contenant générale-ment tous les mots françois tant vieux que modernes, & les termes des sciences et des arts.* Arnoud et Reinier Leers. 2.ª ed. T.I. https://gallica.bnf.fr/ark:/12148/bpt6k3251752.

FURETIÈRE, A. (1708). *Dictionnaire universal, contenant générale-ment tous les mots françois tant vieux que modernes, & les termes des sciences et des arts.* Reinier Leers. 3.ª ed. T.III. https://gallica.bnf.fr/ark:/12148/bpt6k325121t/f91.item.

GAILLARD, A. (2003). *Le corps des statues. Le vivant et son simulacre à l'âge classique (de Descartes à Diderot)*. Honoré Champion.

GASSENDI, P. (1962). *Recherches métaphysiques ou doutes et instances contre la métaphysique de R. Descartes*. Vrin.

GIRARD, G. (1747). XVI Discours sur la Ponctuation françoise, Troisième article sur l'ortographe, & le dernier de ce que la Grammaire a pour objet. En *Les vrais principes de la langue françoise*. Le Breton petit-fils d'Houry Imprimeur. https://books.google.gr/books?id=OZJpa6x-SjYC&pg=PA571&lpg=PA571&dq=girard+vrais+principes+XVI+discours+sur+la+ponctuation&source=bl&ots=rQiYqtgozH&sig=ACfU3U1hdFAWPcKG7_PggwDJ3EPu2e_5zA&hl=fr&sa=X&ved=2ahUKEwiO86Ki0Jj5AhXGYPEDHd4iA4IQ6AF6BAgjEAM#v=onepage&q=girard%20vrais%20principes%20XVI%20discours%20sur%20la%20ponctuation&f=false.

GUÉDRON, M. (2006). Le «beau réel» selon Étienne-Maurice Falconet: les idées esthétiques d'un sculpteur-philosophe. *Dix-huitième siècle*, 38, 629-641. https://www.cairn.info/revue-dix-huitieme-siecle-2006-1-page-629.htm.

HELVÉTIUS, C. A. (1758). *De l'Esprit*. Durand. https://gallica.bnf.fr/ark:/12148/bd6t54186710w/f2.item

HOUDAR DE LA MOTTE, A. (1700). Le thriomphe des arts. En Coulet, H. (ed) (2002). *Pygmalions des Lumières. Antologie établie et présentée par Henry Coulet*. Éditions Desjonquères.

HUGUET, E. (1907). *Petit glossaire des classiques français du dix-septième siècle*. Hachette.

ITARD, J. G. (1801). *De l'éducation d'un homme sauvage ou Des premiers développements physiques et moraux du jeune sauvage de l'Aveyron*. Goujon fils.

LA METTRIE, J. O. (2004). Anti-Sénèque ou Discours sur le bonheur. En *Oeuvres Philosophiques*. Coda.

LEÓN, A. E. (2011). *Extinción del 'vos' en el español peninsular*. Peter Lang.

LESSING, G. E. (1990). *Laocoonte*. Tecnos.

LOCKE, J. (1999). *Ensayo sobre el entendimiento humano*. Fondo de Cultura Económica.

LORENCEAU, A. (1978). Sur la ponctuation au 18e siècle. *Dix-huitième Siècle*, 10, p. 363-378. https://doi.org/10.3406/dhs.1978.1195. https://w.w.w.persee.fr/doc/dhs_0070-6760_1978_num_10_1_1195.

LUCRECIO CARO, T. (1999). *De la naturaleza de las cosas: poema en seis cantos*. Biblioteca Virtual Miguel de Cervantes. https://www.cervantesvirtual.com/nd/ark:/59851/bmcn29s5.

MARKOVITS PESSEL, F. (2018). *La Statue de Condillac. Les cinq sens en quête de moi*. Hermann.

MASTROGIACOMO, E. (2015). *Libertinage et Lumières. André-François Boureau-Deslandes (1689-1757)*. Honoré Champion Éditeur.

MAUZI, R. (1994). *L'idée du bonheur dans la littérature et la pensé françaises au XVIIIe siècle*. Albin Michel.

MAZZOCUT-MIS, M. (2021). *El sentido del límite. El dolor, el exceso, lo obsceno*. ABADA Editores.

MILLER, M. (2022). *Galatea*. AdN Alianza de Novelas.

MONZANI, L. R. (2011). *Desejo e prazer na idade moderna*. Champagnat.

Morel, P-M. (2019). Sexe, amour et politique chez Lucrèce. *Philosophie Antique*, 19, 57-84. https://pdfs.semanticscholar.org/d635/5d9a444ca7b8fd6d9a62e487c0c9930099db.pdf

Moreau-P. F. & Deneys-Tunney, A. (2003). Présentation. Nouveaux visages de l'épicurisme. *Dix-Huitième Siècle*, 35, 7-16. https://www.persee.fr/doc/dhs_0070-6760_2003_num_35_1_2528.

Ovidio (1995). *Metamorfosis*. Cátedra.

Oyarzún, P. R. (1999). Epicuro: Carta a Meneceo. Noticia, traducción y notas. *Onomazein*, 4, 403-425.

Peña, S., Hernández Guerrero, M. J. (1994). *Traductología*. Universidad de Málaga.

Pimenta, P. P. (2023). O materialismo biológico de Diderot En Diderot, D. *O Sonho de d'Alembert e outros escritos*. Editora Unesp.

Pintard, R. (1983). *Le libertinage érudit dans la première moitié du XVIIe siècle*. Slatkine.

Plinio, el Viejo. (2019). *Textos de Historia del Arte*. Antonio Machado Libros.

Puelles Romero, L. (2011). *Mirar al que mira. Teoría estética y sujeto espectador*. Abada Editores.

Pygmalion et Galathée (1898) Dirección Georges Meliès. Star Film. https://www.youtube.com/watch?v=a2QHwwXUYbQ.

Rey, A., Tomi, M., Hordé, T., Tanet, Ch. (2006). *Dictionnaire historique de la langue française*. Dictionnaires Le Robert.

Rétif de la Bretonne, N. E. (1780). Les Contemporaines ou aventures des plus jolies femmes de l'âge présent. En Coulet, H. (Ed.) (2002). *Pygmalions des Lumières. Antologie établie et présentée par Henry Coulet*. Éditions Desjonquères.

Rousseau, J-J. (1786). *Pygmalion: Scène lyrique.* http://www.rousseauonline.ch/Text/pygmalion-scene-lyrique.php.

____. (1771). Pygmalion, Scène lyrique. En Coulet, H. (Ed) (2002). *Pygmalions des Lumières. Antologie établie et présentée par Henry Coulet*. Éditions Desjonquères.

____. (2009). *Émile ou De l'éducation*. Flammarion.

Salaün, F. (2011). *Les Lumières. Une introduction*. Presses Universitaires de France.

____. (2013). Le Rêve de D'Alembert: une fiction pensante? En Binoche, B. & Dumouchel, D. *Passages par la fiction. Expériences de pensée et d'autres dispositifs fictionnels de Descartes à Madame de Stäel*. Hermann.

Saint-Lambert, J-F. de. (1769). Pièces fugitives. En Coulet, H. (Ed.) (2002). *Pygmalions des Lumières. Antologie établie et présentée par Henry Coulet*. Éditions Desjonquères.

Schaeffer, J-M. (2005). Quelles vérités pour quelles fictions? En *L'Homme. Revue française d'anthropologie*, 175-176, 19-36.

Sermain, J-P. (2005). *Le Conte de fées du classicisme aux Lumières*, Desjonquères.

Shaw, B. (1913). *Pygmalion*. Constable and Co.

Stoichita, V. I. (2006). *Simulacros. El efecto Pigmalión: de Ovidio a Hitchcock*. Ediciones Siruela.

Vasak, A. (2022). *1797. Pour une histoire météore*. Anamosa.

Virgilio (2019). *Eneida*. Gredos.